敦煌文獻整理導論
下冊

張涌泉 著

目次

伍

《藥師琉璃光如來本願功德經》殘卷綴合研究

　　《藥師琉璃光如來本願功德經》，又稱《藥師如來本願功德經》《藥師經》，一卷，唐玄奘譯。敘述藥師如來之本願及其功德。《大正藏》收在第十四冊。該經作為印度大乘佛教經典，先後有五譯：（1）東晉建武元年至永昌元年（317-322）帛尸梨蜜多羅譯《佛說灌頂拔除過罪生死得脫經》。（2）劉宋大明元年（457）慧簡譯《藥師琉璃光經》。（3）隋昌達元年（615）達摩笈多譯《佛說藥師如來本願經》。（4）唐永徽元年（650）玄奘譯《藥師琉璃光如來本願功德經》。（5）唐景龍元年（707）義淨譯《藥師琉璃光七佛本願功德經》。經過對現已公布的寫卷的全面普查，敦煌文獻中共有帛尸梨蜜多羅譯本34號，義淨譯本1號（北敦14457號），玄奘譯本382號。其餘二譯未見。

　　玄奘譯本《藥師琉璃光如來本願功德經》（以下簡稱《藥師經》）382號以殘卷為主，包括中國國家圖書館藏160號，英國國家圖書館藏117號，俄羅斯科學院東方文獻研究所藏70號（其中有41號殘片《俄

藏敦煌文獻》未定名，係由筆者擬定），法國國家圖書館藏 8 號，天津市藝術博物館藏 7 號，日本大阪武田科學振興財團杏雨書屋藏 4 號，上海圖書館藏 4 號，北京大學圖書館藏 2 號，日本中村不折舊藏 1 號，上海博物館藏 1 號，及《甘肅藏敦煌文獻》4 號，《晉魏隋唐殘墨》2 號，《敦煌卷子》1 號，《三井文庫別館藏品圖錄》1 號。其中，僅斯 135 號和北敦 14150 號為全本，其餘的均有不同程度的殘缺。本文通過內容、裂痕、行款、書風等方面的分析，將其中的 28 號殘卷或殘片綴合成十四組。以下按各組綴合後文本的先後順序依次加以討論。文中「俄敦」指《俄藏敦煌文獻》（上海古籍出版社 1992-2001 年出版，簡稱《俄藏》）敦煌寫卷編號；「北敦」指《國家圖書館藏敦煌遺書》（北京圖書館出版社 2005-2012 年出版，簡稱《國圖》）敦煌寫卷編號；「斯」指英國國家圖書館所藏敦煌文獻斯坦因編號〔據縮微膠卷、《敦煌寶藏》（臺北新文豐出版公司 1981-1986）、《英國國家圖書館藏敦煌遺書》（廣西師範大學出版社 2011 年起陸續出版，簡稱《英圖》）及 IDP 網站公布的彩色照片〕；「伯」指法國國家圖書館所藏敦煌文獻伯希和編號〔據法國國家圖書館公布的彩色照片或《法藏敦煌西域文獻》（上海古籍出版社 1995-2005 年出版，簡稱《法藏》）〕。錄文時原卷缺字用□表示，殘缺不全或模糊難辨者用▨表示。為凸顯綴合效果，綴合圖中二卷銜接處必要時留一縫隙或添加虛線示意。

　　一、**俄敦** 784 **號＋斯** 2787 **號** [1]

　　(1) 俄敦 784 號。見《俄藏》7／105B-106A [2]。局部如圖 1 右部所示，首全尾缺，存二十四行，行約十七字。有烏絲欄。首題「藥師瑠

1　「＋」號表示兩個寫卷為一卷之裂可以直接綴合。

2　斜槓「／」前的數字為冊數，其後的數字為頁數及欄數（引用《大正藏》欄數後另標出行數）。下仿此。

璃光如來本願功德經」，下署「沙門玄奘奉詔譯」，至「照曜无量无數无邊世界」句的「世」字止。相應文字參見《大正藏》T14／404C12-405A8。《俄藏敦煌漢文寫卷敘錄》定為八至十世紀寫本。

(2) 斯 2787 號。見《寶藏》23／405A-410B。局部如圖 1 左部所示，首缺尾殘，存二四五行，行約十七字。有烏絲欄。原卷缺題，《敦煌遺書總目索引新編》擬題「藥師琉璃光如來本願功德經」。所存文字起「照曜无量无數无邊世界」句的「界」字，訖「八者，橫為毒藥、厭禱、呪詛、起屍鬼等之所中害」句的「厭」字。相應文字參見《大正藏》T14／405A9-408A15。

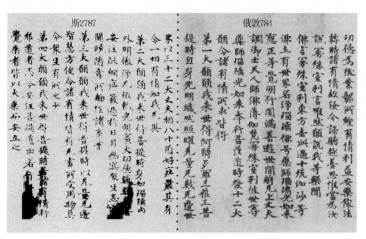

▲ 圖 1　俄敦 784（局部）＋斯 2787（局部）綴合圖

按：如圖 1 所示，上揭二號內容前後相連，俄敦 784 號末句「照曜无量无數无邊世界」所缺的「界」字正在斯 2787 號之首，內容接續無間。又此二號行款相同（每行約十七字，字體大小一致，行間距、字間距相同天頭、地腳等高），書寫風格相似（筆墨濃重，書寫比較散，行書，橫畫細豎畫粗，二號共有的「有」「殊」「極」「所」「照」「第」

「菩」「世」「求」等字筆跡近似，比較表 1 所列例字），可證此二號確為同一寫卷之割裂，可以綴合為一。

例字 卷號	世	求	滿	蒭	瑠	界	曼
俄敦 784 號	世世世	求	滿	菩	瑠	界	雯
斯 2787 號	世世世	求	滿	菩	瑠	界	雯

▲ 表 1　俄敦 784 號與斯 2787 號用字比較表

二、俄敦 1981 號＋俄敦 10153 號

(1) 俄敦 1981 號。見《俄藏》8／410A。如圖 2 右上部所示，殘片，存「藥師琉璃▨（光）」五字。

(2) 俄敦 10153 號。見《俄藏》14／235A。如圖 2 左下部所示，殘片，存六行，每行十七字。

按：上揭二號《俄藏》均未定名，據殘存文字，可以推斷應皆為《藥師經》之殘文。且二號內容上下左右相互銜接：俄敦 1981 號與俄敦 10153 號銜接處原本分屬二片的「光」字可以復合（「光」字中間橫筆和左下部撇筆的頂端撕裂在俄敦 10153 號，其餘部分在俄敦 1981 號）。又二片書寫風格相似（筆墨濃重，書寫規整，比較二片

▲ 圖 2　俄敦 1981＋俄敦 10153 綴合圖

中皆有的「藥」字筆形相似），字體大小接近，可資參證。二卷綴合
後，如圖 2 所示，所存內容起首題，至「▨▨▨▨（而為說法）」止，
相應文字參見《大正藏》T14／404C12-404C19。

三、北敦 10918 號＋北敦 3335 號

(1) 北敦 10918 號（L1047）。見《國圖》108／231A。如圖 3 右部
所示，殘片，存六行，每行存上部二到十二字，其中末行第七字「說」
左下部略有殘泐。楷書。有烏絲欄。原卷缺題，《國圖》擬題「藥師琉
璃光如來本願功德經」。《國圖》敘錄稱為七至八世紀唐寫本。

(2) 北敦 3335 號（北 257；兩 35）。見《國圖》45／382B-389B。局
部如圖 3 左部所示，十一紙，首缺尾略殘，存二九六行，行約十七字，
第一行存下部十一字，其中第一字僅存左下部殘筆。楷書。有烏絲
欄。尾題存「佛說藥師瑠璃光如」八字，《國圖》擬題「藥師琉璃光如
來本願功德經」。《國圖》敘錄稱原卷為經黃打紙，有燕尾，為抄寫於
七至八世紀唐寫本，背有古代裱補。

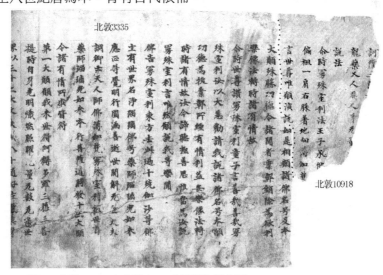

▲ 圖 3　北敦 10918＋北敦 3335（局部）綴合圖

　　按：上揭二號內容前後相連，應可綴合。綴合後如圖 3 所示，北敦 10918 號末行第七字「說」左下部殘洌的筆畫正在北敦 3335 號首行，二號綴合，撕裂處正好可以拼合，原本分屬二號的「說」字得以復合為一。又此二號行款相同（字體大小一致，行距、字間距相同，天頭等高，有烏絲欄），書寫風格相似（楷體，字體方正，筆墨濃重，二號共有的「時」「尊」「殊」「曼」「叉」「一」等字字跡近似，特別是「一」字提筆上挑，收筆下壓，運筆一致），可證此二號確為同一寫卷之割裂，可以綴合為一。二卷綴合後，所存內容起「菩薩摩訶薩三萬六千」句「訶薩」二字，訖尾題，相應文字參見《大正藏》T14／404C16-405B25。

　　又，上揭二號既可綴合為一，《國圖》敘錄稱北敦 3335 號為經黃打紙，有燕尾，背有古代裱補，而北敦 10918 號敘錄卻無相應表述，顯然不妥。

四、俄敦 10680 號＋斯 281 號

(1) 俄敦 10680 號。見《俄藏》14／374B。如圖 4 右部所示，殘片，存十八行，行十七字，首行僅存下端四到五字左側殘畫，第二到

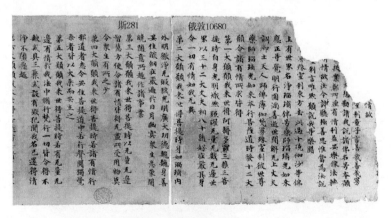

▲ 圖 4　俄敦 10680＋斯 281（局部）綴合圖

八行上部殘約二到七字，尾缺。楷書。有烏絲欄。原卷缺題，《俄藏》未定名。

（2）斯 281 號。見《英圖》6／13B-19B。局部如圖 4 左部所示，首缺尾全，十一紙，存二七八行，行十七字。尾題「藥師經」。楷書。有烏絲欄。相應文字參見《大正藏》T14／405A-408B。《英圖》敘錄稱原卷係經黃紙，為七至八世紀唐寫本。

按：據殘存文字與《大正藏》本經文比對，前一號亦為《藥師經》之殘文。且上揭二號內容前後相承可以綴合。如圖 4 所示，二號綴合後左右銜接，裂縫與上下欄線均拼合無間。又此二號書寫風格相似（方正楷體，書寫清晰，二號共有的「曼」「願」「得」「滿」「提」等字字形神似，比較表 2 所列例字），行款相同（每行十七字，字體大小一致，行間距、字間距相同，天頭、地腳等高，有烏絲欄），可證此二號確為同一寫卷之割裂，可以綴合為一。二號綴合後，所存內容起「為欲利樂像法轉時諸有情故」句末二字，至尾題「藥師經」止，相應文字參見《大正藏》T14／404C23-408B25。

例字 卷號	曼	願	莊	得	解	滿	所	提	求
俄敦 10680 號	曼	顡	莊	得	解	滿	所	提	求
斯 281 號	曼	顡	莊	得	解	滿	所	提	求

▲ 表 2　俄敦 10680 號與斯 281 號用字比較表[3]

五、俄敦 4558 號＋北敦 1984 號

（1）俄敦 4558 號。見《俄藏》11／268A。如圖 5 右部所示，殘片，存十三行，首行僅存數字左側殘筆，末行左側筆畫頗有殘泐，其餘各

3　「願」下的例字本為「顡」字俗寫，後通用「願」字。

行存上部約九字。有烏絲欄。原卷缺題，《俄藏》未定名。

　　(2) 北敦 1984 號（北 276；收 84）。見《國圖》27／361B-363B。局部如圖 5 左部所示，四紙，存八十八行，行約十七字，前八行下部殘缺，首行上部四五字僅存左側殘畫。有烏絲欄。原卷缺題，《國圖》擬題「藥師瑠璃光如來本願功德經」。《國圖》敘錄稱原卷係經黃紙，為七至八世紀唐寫本。

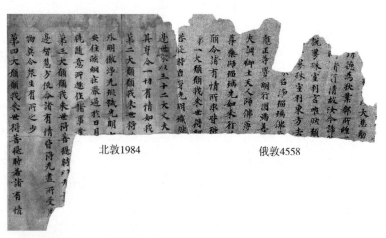

北敦1984　　　　　俄敦4558

▲ 圖 5　俄敦 4558 ＋北敦 1984（局部）綴合圖

　　按：以殘存文字與《大正藏》本經文比對，前一號亦為《藥師經》之殘文。且上揭二號內容前後相承可以綴合。如圖 5 所示，二號綴合後左右相接，銜接處原本分屬二號的「提」「自」「身」「光」「明」「燃」等字復合為一，密合無間。又此二號書寫風格相似（筆墨濃重，書寫規整，方正楷體，比較二殘片中的「大」「願」「得」「一」「人」等字筆跡近似，特別是「一」和「大」字筆鋒頓挫一致），行款相同（字體大小一致，行間距相同，字間距相同，天頭等高，有烏絲欄）。可證此二號確為同一寫卷之割裂，可以綴合為一。二卷綴合後，所存內容

起「世尊讚曼殊室利童子言」句「曼殊室利」四字的左側殘畫，訖「速得圓滿」，相應文字參見《大正藏》T14／404C26-406A12。

六、北敦 8946 號＋斯 6562 號

(1) 北敦 8946 號（有 67）。見《國圖》104／271A。如圖 6 右部所示，殘片，存十四行，行十七字，前七行下部殘泐。楷書。有烏絲欄。原卷缺題，《國圖》擬題「藥師琉璃光如來本願功德經」。所存文字參見《大正藏》T14／404C27-405A12。《國圖》敘錄稱此為七至八世紀唐寫本。

(2) 斯 6562 號。見《寶藏》48／477B-484A。首缺尾全，存二七三行，尾題「藥師琉璃光如來本願功德經」。局部如圖 6 左部所示，行約十七字，前八行下部殘約三到四字。楷書。有烏絲欄。相應文字參見《大正藏》T14／405 A12-408B25。

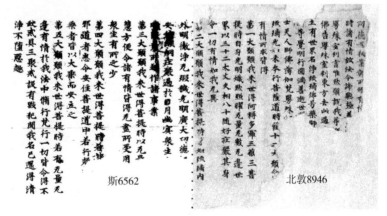

▲ 圖 6　北敦 8946＋斯 6562（局部）綴合圖

按：上揭二號內容前後相連，裂縫正好拼接，應可綴合。且此二號行款相同（每行約十七個字，字體大小一致，行間距、字間距相同，天頭、地腳等高，有烏斯欄），書寫風格相似（二號共有的「第」「世

「我」「佛」「菩薩」等字字形近似，比較表 3 所列例字），可證此二號確為同一寫卷之割裂，可以綴合為一。綴合後如圖 6 所示。

卷號 ＼ 例字	得	无	光	界	曼	此	滿
北敦 8946 號	淂 淂	无	光	界	曼	此	滿
斯 6562 號	淂 淂	无	光	界	曼	此	滿

▲ 表 3　北敦 8946 號與斯 6562 號用字比較表

七、俄敦 11980 號＋俄敦 11974 號

(1) 俄敦 11980 號。見《俄藏》16／15A。如圖 7 上部所示，殘片，存六行，每行存上部四到六字，前後及下部皆殘泐。楷書。有烏絲欄。原卷無題，《俄藏》未定名。

(2) 俄敦 11974 號。見《俄藏》16／177B。如圖 7 下部所示，殘片，存八行，每行存中部四到八字，前後上下皆殘泐。楷書。有烏絲欄。原卷無題，《俄藏》未定名。

按：據殘存文字與《大正藏》本經文比對，上揭二號應皆為《藥師經》之殘文。且二片內容上下銜接，可以綴合。綴合後撕裂之處接合無間，原本分屬二片的「明」「璃」「情」諸字復合為一。且二片行款相同（字體大小一致，行間距、字間距相同，皆有烏絲欄），書寫風格相似（筆墨濃重，書寫清晰，方正楷

俄敦11980

俄敦11974

▲ 圖 7　俄敦 11980＋俄敦 11974 綴合圖

體，二片共有的「藥」字「琉」字字形近似），可證此二號確為同一寫卷之割裂，可以綴合為一。二卷綴合後，所存內容起「曼殊室利言」句的「言」字，訖「願我來世得阿耨多羅三藐三菩提時」句前七字，相應文字參見《大正藏》T14／404C29-405A7。

八、北敦 10405 號＋北敦 4719 號

(1) 北敦 10405 號（L534）。見《國圖》107／287A。如圖 8 右部所示，殘片，存六行，每行存下部三到八字（其中第四殘行空白），後二行下端亦有殘泐。楷書。有烏絲欄。原卷缺題，《國圖》擬題《藥師琉璃光如來本願功德經》。《國圖》敘錄稱此為七至八世紀唐寫本。

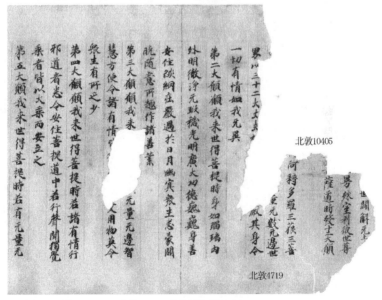

▲ 圖 8　北敦 10405＋北敦 4719（局部）綴合圖

(2) 北敦 4719 號（北 269；號 19）。見《國圖》63／95B-102B。首殘尾全，十一紙，存二八三行，行約十七字。首部如圖 8 左部所示，首行僅存行末一字左下部殘形；次行存下端四字，其中第四字僅存左下

角殘形；第三行中缺。尾題「藥師瑠璃光如來本願功德經」。楷書。有烏絲欄。《國圖》敘錄稱此為七至八世紀唐寫本。

　　按：經與《大正藏》經本比對，上揭二號內容前後相連，應可綴合。綴合後如圖 8 所示，部分撕裂處拼接無間，原本分屬二號的「菩」「數」二字正好可以拼合為一。又二號行款相同（字體大小一致，行間距、字間距相同，地腳等高，有烏絲欄），書寫風格相似（方整楷體，字體清瘦，特別是二號共有的「**解**」「**无**」「**願**」等字字形神似），可證此二號確為同一寫卷之割裂，可以綴合為一。二卷綴合後，所存內容起「世間解」，訖尾題，相應文字參見《大正藏》T14／405A3-408B25。

九、北敦 8936 號＋北敦 4964 號

　　(1) 北敦 8936 號（有 57）。見《國圖》104／264A。如圖 9 右部所示，殘片，存八行，行十七到十八字。首行下部五字有殘泐。楷書。有烏絲欄。原卷缺題，《國圖》擬題《藥師琉璃光如來本願功德經》。《國圖》敘錄稱此為八至九世紀吐蕃統治時期寫本。

　　(2) 北敦 4964 號（北 247；闕 64）。見《國圖》66／150A-156A。十紙。首缺尾全，存二四五行，行十八字左右。尾題「藥師瑠璃光如來本願功德經」。首部如圖 9 左部所示。楷書。有烏絲欄。《國圖》敘錄稱此為九至十世紀歸義軍時期寫本。

　　按：經與《大正藏》經本比對，上揭二號內容前後相連，應可綴合。綴合後如圖 9 所示，原本撕裂之處吻合無間。又此二號行款相同（每行十八字左右，行間距、字間距相同，天頭、地腳等高，有烏絲欄），書寫風格相同（楷體，字體清秀，書跡似同，比對分別見於北敦 8936 號、北敦 4964 號的「**若－若**」、「**令－令**」、「**弟－弟**」、「**扵－扵**」、「**安－安**」、「**願－願**」、「**一－一**」等字，字形筆跡近同），可

證此二號確為同一寫卷之割裂，可以綴合為一。二卷綴合後，所存內容起「以無量無邊智慧方便」，句後四字，訖尾題，相應文字參見《大正藏》T14／405A16-408B25。

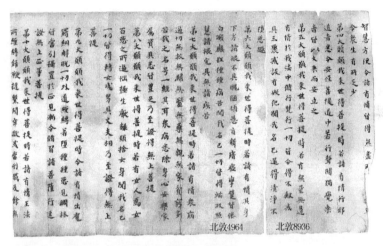

▲ 圖9　北敦 8936＋北敦 4964（局部）綴合圖

又此二號既可綴合為一，而《國圖》敘錄稱北敦 8936 號為八至九世紀吐蕃統治時期寫本，北敦 4964 號為九至十世紀歸義軍時期寫本顯然有誤。

十、俄敦 11869 號＋俄敦 12838 號

(1) 俄敦 11869 號。見《俄藏》15／346B。如圖 10 右部所示，殘片，存八行，每行下部殘泐，末行僅存右側若干殘筆。楷書。有烏絲欄。原卷缺題，《俄藏》未定名。

(2) 俄敦 12838 號。見《俄藏》16／177B。如圖 10 左部所示，殘片，存十一行，每行下部殘泐，首行右側略有殘泐。楷書。有烏絲欄。原卷缺題，《俄藏》未定名。

按：據殘存文字，上揭二號應皆為《藥師經》之殘文；且二片內

容左右相接，可以綴合。綴合後如圖 10 所示，接縫處大致密合，俄敦 12838 號首行「是」「他」「嫌」「謗」「魔」等字原本撕裂在俄敦 11869 號的殘筆得以回歸而成完璧。又此二片行款相同（每行滿行約十七字，字體大小一致，行間距、字間距相同，天頭等高，有烏絲欄），書寫風格相似（方正楷體，書寫清晰，筆墨濃重，二片共有的「有」「來」「不」「多」「於」等字筆跡近同），可以參證。二號綴合後，所存內容起「□（讚）嘆施者」，訖「□（速）得圓滿」，相應文字參見《大正藏》T14／405C22-406A12。

▲ 圖 10　俄敦 11869＋俄敦 12838 綴合圖

十一、北敦 11645 號＋北敦 7306 號

(1) 北敦 11645 號（L1774）。見《國圖》109／319B。如圖 11 右部所示，殘片，存八行，前六行存上部九到十二字；第七行第五字「喜」左側略有殘泐，其下一字僅存上部殘畫；末行僅存首字的右側殘筆。楷書。有烏絲欄。原卷缺題，《國圖》擬題《藥師琉璃光如來本願功德經》。《國圖》敘錄稱殘片是經黃打紙，為七至八世紀唐寫本。

(2) 北敦 7306 號（北 305；鳥 6）。見《國圖》96／143B-146A。六紙。首殘尾全，存一一七行，每行十七字。尾題「藥師經」。《國圖》

改題《藥師琉璃光如來本願功德經》。首部如圖 11 左部所示。楷書。
有烏絲欄。《國圖》敘錄稱原卷是經黃紙，為七至八世紀唐寫本。

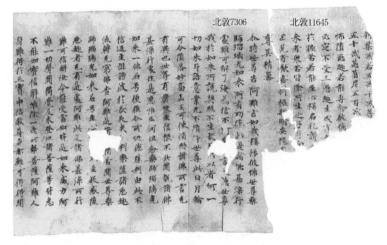

▲ 圖 11　北敦 11645 ＋北敦 7306（局部）綴合圖

按：如圖 11 所示，上揭二號內容前後相連，可以綴合。綴合後原
本撕裂在二號的「者」「歡」「喜」「利」「奪」諸字復合為一，可成
完璧。又二號行款相同（字體大小一致，行間距、字間距相同，天頭
等高，有烏絲欄），書寫風格相似（楷體，筆墨濃重，橫畫細豎畫粗，
字跡略同），亦可資參證。二卷綴合後，所存內容起「□（受）持禁
戒」，訖尾題，相應文字參見《大正藏》T14／407A9-408B25。

又，今既知上揭二號可綴合為一，則《國圖》敘錄稱北敦 11645 號
是經黃打紙，北敦 7306 號是經黃紙[4]，斷語不一，顯有不妥。

十二、北敦 10050 號＋北敦 8935 號

(1) 北敦 10050 號（L179）。見《國圖》107／96B。如圖 12 右部所

4　方廣錩先生賜告，「經黃紙」是一種麻紙，無簾紋或有極為模糊的簾紋，厚薄均勻，
　　入潢；經黃打紙即經過捶打的經黃紙。

示，殘片，存五行，前三行存中部一到五字，第四行存上部九字；第五行存上部四字，其中第四字下部殘泐，另可見第六字的末端殘筆。楷書。原卷缺題，《國圖》擬題《藥師琉璃光如來本願功德經》。《國圖》敘錄稱原卷有烏絲欄，為七至八世紀唐寫本。

(2) 北敦 8935 號（有 56）。見《國圖》104／263A-263B。如圖 12 左部所示二紙存三十二行每行存五到十七字不等多數行上部或下部有殘泐；其中第一行僅存第四到八字，且第四字上部、第六字「厄」右側有殘泐。楷書。原卷缺題，《國圖》擬題《藥師琉璃光如來本願功德經》。《國圖》敘錄稱原卷有摺疊欄，為八至九世紀吐蕃統治時期寫本。

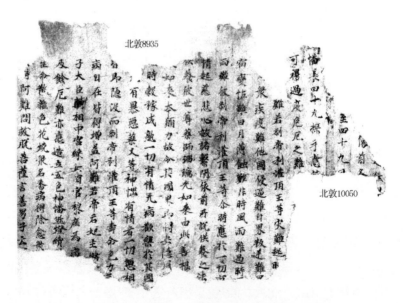

▲ 圖 12　北敦 10050＋北敦 8935（局部）綴合圖

按：據殘存文字與《大正藏》經本比對，上揭二號確為《藥師經》之殘文，且二號內容前後相接，可以綴合。綴合後如圖 12 所示，北敦 10050 號末行「過」下僅存上部的殘字可與北敦 8935 號首行「危」上

僅存下部的殘字拼接成一個完整的「度」字；又北敦 8935 號首行「厄」右側殘泐的末端正撕裂在北敦 10050 號末行右側，二號綴合，其末端失而復得。又此二號行款格式相同（行距相等，字體大小相近，字間距相近），書寫風格相似（方正楷體，書寫清朗），書跡近似，可資參證。二卷綴合後，所存內容起「讀誦此經四十九遍」句「遍」字下部殘畫，訖「是為如來略說橫死」句「是」字上部殘字，相應文字參見《大正藏》T14／407C7-408A16。

又，上揭二號既可綴合為一，而《國圖》敘錄稱北敦 10050 號為七至八世紀時期唐寫本，有烏絲欄；北敦 8935 號為八至九世紀吐蕃統治時期寫本，有摺疊欄，表述不一，有待斟酌。

十三、中散 2037 號＋中散 2036 號

(1) 中散 2037 號（津圖 60）[5]。見《天津圖書館古籍善本圖錄・鑑賞圖錄》圖版 301。如圖 13 右部所示，殘片，存十三行，行十七字。楷書。有烏絲欄。原卷缺題，《天津圖書館古籍善本圖錄》擬題《藥師琉璃光如來本願功德經》。敘錄稱此為七至八世紀唐寫本。

(2) 中散 2036 號（津圖 59）。見《天津圖書館古籍善本圖錄・鑑賞圖錄》圖版 301。如圖 13 左部所示，殘片，存九行，行十七字。楷書。有烏絲欄。原卷缺題，《天津圖書館古籍善本圖錄》擬題《藥師琉璃光如來本願功德經》。敘錄稱此為七至八世紀唐寫本。

按：〈天津圖書館古籍善本圖錄・鑑賞圖錄〉敘錄（方廣錩、李際寧撰）已指出上揭二號可以綴接，甚是。據《大正藏》本經本，中散 2037 號在前，中散 2036 號在後，內容前後銜接。但上揭鑑賞圖錄所附

5　「中散號」指方廣錩等編的中國散藏敦煌遺書之序號，「津圖號」指天津圖書館收藏敦煌遺書之序號，參看《天津圖書館古籍善本圖錄・鑑賞圖錄》卷首的「鑑賞圖錄編例」。《天津圖書館古籍善本圖錄》，天津：天津古籍出版社，2009 年。

圖版中散 2036 號在前，中散 2037 號在後，位置前後錯置。又此二片行
款相同（行十七字，字體大小一致，行距、字間距相同，天頭、地腳
等高有烏絲欄），書寫風格相似（字體楷正，筆墨濃重，書寫清朗），
字跡似同（二片共有的「曼」「無」「於」「復」「不」「趣」「量」等
字字形近似），可證確為同一寫卷之割裂，可以綴合為一。二號綴合
後，如圖 13 所示，所存內容起中散 2037 號「尒時世尊復告曼殊室利童
子言」句，訖中散 2036 號「便捨惡行，脩諸善法」句，中無缺字，相
應文字參見《大正藏》T14／407C11-406A5。

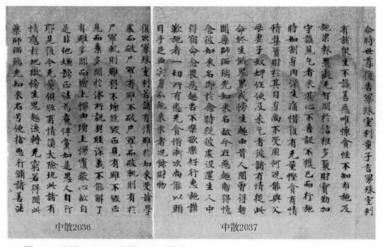

▲ 圖 13　中散 2037 ＋中散 2036 綴合

十四、伯 4925 號＋伯 4554 號

(1) 伯 4925 號。見《法藏》33／277B-278A。首尾皆缺，存二十八
行，後部如圖 14 右部所示，行約十七字。楷書。有烏絲欄。原卷缺
題，《敦煌寶藏》擬題《藥師瑠璃光如來本願功德經》。

(2) 伯 4554 號。見《法藏》32／53B-54A。首缺尾全，存二十八
行，前部如圖 14 左部所示，行約十七字。末題「藥師經」。楷書。有

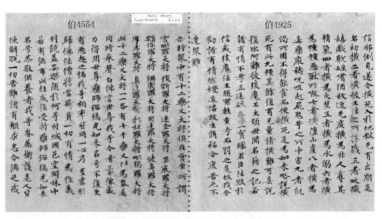

▲ 圖 14　伯 4925（局部）＋伯 4554（局部）綴合圖

烏絲欄。

　　按：經與《大正藏》本《藥師經》經本比對，上揭二號內容前後相連，應可綴合。且此二號行款相同（行約十七字，字體大小一致，行距、字間距相同，天頭、地腳等高，有烏絲欄），書寫風格相似（楷書方正，筆墨濃重，書寫清晰），字跡似同（二號共有的「解」「於」「苦」「有」「藥」「得」「人」等字字形神似，比較表 4 所列例字），可證此二號當出於同一抄手，應為同一寫本之脫落（伯 4554 號卷尾另黏有約三分之一紙，空白，末尾裝有滾軸，可見原本應為卷軸式）。綴合圖如圖 14 所示。二卷綴合後，所存內容起「無病自在，皆得增益」，訖尾題「藥師經」，相應文字參見《大正藏》T14／407C23-408B25。

例字 卷號	解	於	苦	不	眾	所	尒	得
伯 4925 號	解 解	扵	苦	不	眾	所	尒	得
伯 4554 號	解 解	扵	苦	不	眾	所	尒	得

▲ 表 4　伯 4925 號與伯 4554 號用字比較表

　　上面我們通過內容、裂痕、行款、書風等方面的比較分析，把28號《藥師經》殘卷或殘片綴合為十四組。這些殘卷或殘片的綴合，有助於我們對相關寫卷的性質作出更為客觀準確的判斷。如上文指出北敦10918號是從北敦3335號上撕裂的殘片，可以綴合；而《國圖》敘錄稱北敦3335號為經黃打紙，有燕尾，背有古代裱補，但北敦10918號敘錄卻無相應表述，未能統一。又如上文指出北敦11645號是從北敦7306號撕裂的殘片，可以綴合；但《國圖》敘錄稱北敦11645號殘片是經黃打紙，又稱北敦7306號殘卷是經黃紙，對同一寫卷用紙的判斷卻不一致，顯然不妥。又如《國圖》敘錄稱北敦8936號為八至九世紀吐蕃統治時期寫本，北敦4964號為九至十世紀歸義軍時期寫本，然而根據上文第九組的綴合結果，北敦8936號是從北敦4964號上撕裂的殘片，則《國圖》對寫卷的斷代顯然有誤。又如《國圖》敘錄稱北敦10050號有烏絲欄，為七至八世紀唐寫本；北敦8935號有摺疊欄，為八至九世紀吐蕃統治時期寫本；然而根據上文第十二組的綴合結果，北敦10050號是從北敦8935號脫落的殘片，可以綴合，則《國圖》敘錄對此二號行款和抄寫時間的判斷均有待商榷。如此等等，做好散失在中、英、法、俄等世界各地的殘卷碎片的彙集綴合，使之「骨肉團聚」堪稱功德無量，是敦煌文獻進一步整理研究的基礎性工程。

參考文獻

日本大藏經刊行會編輯《大正新修大藏經》（簡稱《大正藏》），臺北：新文豐出版公司，1994-1996 年影印本。

孟列夫《俄藏敦煌漢文寫卷敘錄》，上海：上海古籍出版社，1999 年。

敦煌研究院編《敦煌遺書總目索引新編》，北京：中華書局，2000 年。

張涌泉《俄敦 18974 號等字書碎片綴合研究》，《浙江大學學報》2007 年第 3 期，第26-35 頁。

張涌泉、張新朋《敦煌殘卷綴合研究》,《文史》2012 年第 3 輯,第 313-330 頁。

張涌泉、羅慕君《敦煌本〈八陽經〉殘卷綴合研究》,《中華文史論叢》2014 年第 2 期,第 239-278 頁。

（本篇與劉豔紅合寫,原載《浙江師範大學學報》2014 年第 6 期）

第三編

斷代論

壹

敦煌寫本斷代研究

　　了解資料的成書和抄刻時代，才能確知資料的史料價值或校勘價值。敦煌寫本大都殘缺不全，有帝王紀年可確定具體年代者不多；少數寫本標有干支或地支紀年，則需進一步考訂才能推斷其具體年代。所以為寫本斷代是敦煌文獻整理研究的先行工作之一。姜亮夫把敦煌寫本的「定時」作為進入正式研究的前提，「能確切定時，則一切準備工作，可謂基本成熟了」[1]。

　　敦煌寫本斷代的方法，蘇遠鳴指出可以通過「對文獻本身的分析」的「內部考證」和「卷面表像和古文字」分析的「外部考證」來進行[2]。林聰明則提出根據題記、避諱字、武周新字、書法、內容、同卷其他

1　姜亮夫《敦煌學規劃私議》，《敦煌學論文集》，上海：上海古籍出版社，1987年，第1013-1014頁。

2　蘇遠鳴《敦煌漢文寫本的斷代》，耿昇譯《法國學者敦煌學論文選粹》，北京：中華書局，1993年，第548頁。

資料、同一人所抄其他敦煌文書、敦煌以外文書、紙質考探等九種方法[3]。綜合前賢所論，我們認為敦煌寫本的斷代大致可以採用以下方法。

一、據內容斷代

敦煌寫本中可用作斷代的內容包括紀年、題記、名物、歷史事件等。下面分別舉例加以討論：

（一）紀年

部分敦煌文獻標有創作或抄寫時間，如果所標是帝王年號，那自然很容易確定其具體年代。但不少敦煌寫本僅標注干支紀年，確定具體年分還得輔以其他一些佐證材料。如 P.3721 號有「己卯年十一月廿六日冬至目祈（月料？）官員」（首題）名單一份，其中「己卯年」的具體年分《敦煌遺書總目索引》、《敦煌社會經濟文獻真跡釋錄》皆無說。考本件人名張祐慶、令狐富盈又見 P.3379 號《後周顯德五年（958）二月社錄事都頭陰保山等團保牒》，陳守定又見 S.5696 號《宋淳化三年（992）八月內親從都頭陳守定為亡父七七追薦設供請賓頭盧頗羅墮和尚疏》、P.3152 號《宋淳化三年（992）八月陳守定請陳僧正等為故都押衙七七追念設供疏》，陰存禮又見 S.5855 號《宋雍熙三年（986）六月節度都頭陰存禮疏》，張保盈又見 P.5032 號《後周戊午年（958）六月十八日某社溫押牙阿嫂身故轉帖》，翟文進又是 S.1473 號《宋太平興國七年（982）壬午歲具注曆日》的作者，據此，本件中的「己卯年」當為西元九七九年[4]。

3　林聰明《敦煌文書學》，臺北新文豐出版公司，1991 年，第 414-444 頁。

4　參用金瀅坤《敦煌社會經濟文書輯校》，浙江大學博士後研究工作報告，2003 年，第62-63 頁。

在吐蕃管轄沙州時期（約786-848），吐蕃禁用唐朝年號，而改用地支（或干支）紀年，所以如果某一敦煌寫本用地支紀年，我們就可初步推定為吐蕃時期的寫本。但由於整個吐蕃時期可以有幾個相同的地支年號，所以確定具體的年分也需要輔以其他佐證材料。如S.5820＋S.5826號為「尼僧明相賣牛契」，立契日期為「未年潤十月十五日」，吐蕃管轄時期的「未年」有西元七九一、八〇三、八一五、八二七、八三九年共五年，但只有西元八〇三年的未年農曆閏十月，據此，我們就可以推定上述「未年」為西元八〇三年。

（二）題記

一件完整的寫本末尾往往寫有題記，交代寫本抄寫、流傳的相關情況，其中通常包含有抄寫日期的信息，是敦煌寫本斷代最直接有效的根據。如P.3906號《字寶》，末署「天福柒年壬寅歲肆月貳拾日伎術院學郎知慈惠鄉書手呂均書」，「天福」為後晉高祖年號，「天福柒年」即西元九四二年，應即該卷的抄寫時間。

據題記斷代應注意題記日期與抄寫日期存在不一致性。應該承認，大多數敦煌寫本的題記確是抄者所為，題記日期與抄寫日期是同一的。但也有少數題記是抄手照抄前人題記，題記日期與抄寫日期是不一致的。如S.4268、6033號《金光明最勝王經》第一卷、S.3712、3870號《金光明最勝王經》第八卷末皆有「長安三年歲次癸卯十月己未朔四日壬戌」三藏法師義淨奉制於長安西明寺譯經題記，題記字體與經文一致。「長安」為唐武后年號，長安三年為西元七〇三年，這一年既是《金光明最勝王經》譯經的年分，也有可能是上揭經本抄寫的日期。但另一種可能性是義淨所譯《金光明最勝王經》卷一、卷八之末原本有譯經題記，上述寫卷的題記不過是傳抄者照抄罷了，「長安三年」並非這幾個經本的實際抄寫年代。從S.4268、6033號第一卷經文

末，S.3712、3870 號第八卷經文末皆有同一譯經題記，且寫卷字體稚拙的情況來看，當以後一種可能性為大。再考 P.2274 號《金光明最勝王經》第七卷經文末有「大中八年五月十五日奉為先亡敬寫，弟子比丘尼德照記」題記，「大中」為唐宣宗年號，大中八年為西元八五四年。又 S.1177 號《金光明最勝王經》第一卷經文末有「大唐光化三年庚申歲六月九日」太夫人張氏為亡男抄寫《金光明最勝王經》一部題記，「光化」為晚唐昭宗年號，「光化三年」相當於西元九〇〇年。這兩個寫經題記中的「大中八年」、「光化三年」則確是該卷經文的抄寫年分，可供比勘。[5]

（三）名物

敦煌寫本中提及的名物（包括人名、地名、寺名、官名、物名等）往往帶有時代色彩，也是寫本斷代的重要依據。前揭 P.3721 號確定「己卯年」為西元九七九年，其實就是通過寫本中提及的人名的比勘。又如：

S.4443 號背有「乾元寺宋苟兒諸雜難字一本」，所抄多為姓氏、官名、職銜、人名之屬。其中的翟使君又見於 S.4700 號《宋甲午年（994）五月十五日陰家婢子小娘子榮親客》、S.5039 號《宋丁丑年至戊寅年（977-978）報恩寺諸色斛斗破曆》、P.3721 號《宋己卯年（979）十一月廿六日冬至月料（？）官員》；陰馬步又見於 S.286 號《十世紀末沙州報恩寺諸色斛斗算會牒殘卷》；鄧都頭又見於 P.2916 號《宋癸巳年（993）十一月十二日張馬步女師遷化納贈曆》；長千、鄧都頭又見於 P.4975 號《辛未年（971）三月八日沈家納贈曆》（有關定年請參看《敦煌史部文

5　參看筆者和李玲玲合作《敦煌本〈金光明最勝王經音〉研究》，《敦煌研究》2006 年 6 期，第 151 頁。

獻合集》各篇的「題解」）。上述文書多寫於十世紀後期，則本篇大約亦應為同一時期的寫本。

俄敦1131＋1139B＋1149號背《雜集時用要字》，分類抄錄詞語，其中首列敦煌十一鄉之名：敦煌鄉、莫高鄉、神沙鄉、龍勒鄉、洪潤鄉、□（平）康鄉、洪池鄉、玉關鄉、效穀鄉、赤心鄉、慈惠鄉。據研究，包括「赤心鄉」在內的敦煌縣十一鄉的建制是唐大中二年（848）歸義軍創建以後設置的，一直到十世紀三〇年代曹氏歸義軍政權改通頰部落為鄉，才變十一鄉為十二鄉；西元九四四年曹元忠執政後，裁撤通頰、玉關二鄉，又形成十鄉建制[6]。據此推斷，底卷應該是九世紀後期至十世紀初期敦煌歸義軍時期的寫本。

（四）歷史事件

歷史事件是特定時間發生的，如果敦煌文獻涉及相關的歷史事件，則其撰作及抄寫時代必在這一事件之後。例如：

P.3644號《詞句摘抄》（擬題），屬雜抄性質，包括詩、弔唁文、詞、成句等。其中有「今當聖人詩」一首：「禁煙節暇（暇）賞幽閒，迎奉傾心樂貴顏。鷰（燕）語雕梁聲猗狔，鸎吟淥（綠）樹韻開關。為安家國千場戰，思憶慈親兩鬢斑。孝道未能全報得，直須頂戴繞彌山。」該詩又見於S.373號，題「皇帝癸未年膺運滅梁再興□□□迎太后七言詩」，《敦煌遺書總目索引》考定為後唐莊宗李存勗詩，並云：「按《全唐文》一零四唐莊宗《親至懷州奉迎太后敕》，略謂天下已定，理應到汾州親迎太后，不得已只到懷州迎接，是知迎太后詩，即為此時作品。」李存勗同光元年至四年（923-926）在位，李正宇據此推定

6　參看陳國燦《唐五代敦煌縣鄉里制的演變》，《敦煌研究》1989年第3期，第39-50頁；馮培紅《歸義軍時期敦煌縣諸鄉廢置申論》，《敦煌歸義軍史專題研究續編》，蘭州：蘭州大學出版社，2003年，第65-74頁。

上揭《詞句摘抄》為「後唐同光年代」抄本[7]，當是。文中另有「瓜州
刺史慕容歸盈」，「慕容歸盈」在曹仁貴重建歸義軍後出任瓜州刺史（約
在 914 至 919 年間），直至後晉天福五年（940），長達二十餘年[8]，時段
亦大體吻合。

P.3270 號載《兒郎偉》五首，其中第五首有云：「河西是漢家舊
地，中隘獫狁安居。數年閉塞東路，恰似小水之魚。今遇明王利化，
再開河隴道衢。太保神威發憤，遂便點緝兵衣。略點精兵十萬，各各
盡擐鐵衣。直至甘州城下，回鶻藏舉無知。走入樓上乞命，逆者入火
墳（燔）屍。大段披髮投告，放命安於城除（池）。已後勿愁東路，便
是舜日堯時。」其中的「太保」，榮新江以為是指後唐莊宗時任河西歸
義軍節度使的曹議金，其以太保見稱在西元九二五年至九二八年間，
所述出兵攻打甘州回鶻則在同光二年（924）秋冬和同光三年初[9]，其說
可從。據此，本卷應為曹議金打敗甘州回鶻後，且仍稱太保時所作，
即在西元九二五年至九二八年之間。

二、據書法斷代

敦煌寫本跨越四世紀末至十一世紀初六百餘年，是漢字書體由隸
變楷完成的階段，篆、隸、行、草、楷諸體皆備，形式各異，風格多
樣。約略言之，六朝時期是隸書轉變為楷書的過渡階段，不少這一時
期的敦煌寫本尚帶有濃重的隸意；隋代及唐初，楷書已趨成熟，但部
分敦煌寫本仍存有隸筆；吐蕃及歸義軍以後，則成為楷書的一統天

7　李正宇《叫賣市聲之祖──敦煌遺書兩首店鋪叫賣口號》，《尋根》1997 年第 4 期。

8　參看郭鋒《慕容歸盈與瓜沙曹氏》，《敦煌學輯刊》1989 年第 1 期，第 90-106 頁。

9　《歸義軍史研究》，上海：上海古籍出版社，1996 年，第 102、320-325 頁。

下，這一時期的寫本約占敦煌文獻總數的百分之八十五以上。[10] 故由敦煌寫本的書法，亦可大致推斷其書寫的年代。林聰明認為：「凡以隸書抄寫者，大抵可先設定為五至六世紀的寫本；以隸筆楷體抄寫的碑體，大抵為北朝寫本；至若全以正楷抄寫者，大抵為隋唐之後的寫本。」[11] 庶幾近是。不過，敦煌寫本的抄手含括官吏、平民、信徒、經生、學童等各色人等，抄寫目的各異，水準參差不齊，加上書法是一種模仿性很強的藝術，書體和書寫風格的時代性只是相對而言的。所以書法不能作為推斷寫本年代的唯一依據，而宜輔以其他佐證材料，才能得出較為可靠的結論。

　　同一個人的書寫風格在相近的時段內往往是比較接近的，所以人們通常也把書法接近與否作為判斷同一寫本內不同內容文獻抄寫時代的依據。如北 500 號（鹹 59）背有「開元寺寺戶張僧奴等請便麥牒並判」、「安國寺寺戶氾奉世等請便麥牒並判」、「靈修寺寺戶團頭劉進國等請便麥牒並判」、「金光明寺寺戶團頭史太平等請便麥牒並判」等牒文若干種，牒文末皆署「丑年二月」。根據「丑年」的紀年可以斷定當屬沙州吐蕃時期文書，但吐蕃時期的「丑年」有西元七九七、八〇九、八二一、八三三、八四五年共五年，那麼上述「丑年」屬哪一年呢？考同卷之前有「龍興寺寺戶團頭李庭秀等請便麥牒並判」，牒文末署「辛丑年二月」，該牒文與前揭「丑年」的牒文字體、款式相同，且牒文後皆附有「正勤」的判辭，可見撰作時間應該比較接近，據此推斷，「丑年」應即「辛丑年」，而吐蕃管轄沙州時期辛丑年只有一個，即西

10　參看藤枝晃《敦煌遺書之分期》，《敦煌吐魯番學研究論文集》，上海：漢語大詞典出版社，1990 年第 12-15 頁；鄭汝中《敦煌書法管窺》，《敦煌研究》1991 年第 4 期，第 37-38 頁；焦明晨《敦煌寫卷書法研究》，臺北：文史哲出版社，1997 年。

11　《敦煌文書學》，臺北：新文豐出版公司，1991 年，第 431 頁。

元八二一年，那麼前揭「丑年」可能也就是西元八二一年[12]。

　　不同卷號的文獻，如果可以確定有出於同一抄手的寫本，其撰作或抄寫時代往往也就可以迎刃而解。如 S.5937 號有「庚子年十二月廿二日都師願通沿常住破曆」（原卷首題），其中的「庚子年」《索引》、《寶藏》、《英藏》皆無說，唐耕耦《釋錄》第三輯疑為西元九四○年。考卷中有「**夏**」、「**炭**」形簽字（圖 1，簽字圖中用虛線圈出，下同），其中的「**夏**」形簽字唐耕耦指出又見於 P.3997 號《庚子年至辛丑年報恩寺寺主法淨領得布褐曆》（圖 2）、P.4697 號《辛丑年報恩寺粟酒破用曆》（圖 3）、S.5048 號背《庚子年二月至四月麨破曆》（圖 4）、S.4702 號《丙申年十二月九日報恩寺常住黃麻案》（圖 5），「**炭**」形簽字又見於 P.3997 號《庚子年至辛丑年報恩寺寺主法淨領得布褐曆》（圖 2）；這些寫本其他一些字的寫法很接近，如「斜」字多寫作「**卧**」形，「廿」字多寫作「**丗**」形，等等；而且它們的行款也比較接近。據此，我們就可以推斷這些寫本應皆為報恩寺之物，抄寫年分是相同或相近的。金瀅坤把其中的「庚子年」定作西元一○○○年，相應的「丙申」年定作西元九九六年，「辛丑」年定作西元一○○一年[13]，可從。

12　唐耕耦等《敦煌社會經濟文獻真跡釋錄》把北 500 號（鹹 59）背的一組牒文擬題作「辛丑年（西元 821 年）二月龍興寺等寺戶請貸麥牒及處分」，可從。

13　《敦煌社會經濟文書輯校》，浙江大學博士後研究工作報告，2003 年 6 月，第 13、78-79 頁。

▲ 圖1　S.5937

▲ 圖2　S.3997

▲ 圖3　S.4697

▲ 圖4　S.5048

▲ 圖5　S.4702

三、據字形斷代

漢字具有時代性，往往因時而異。時代的發展，政權的更替，物質文化生活的改變或提高，往往會在語言文字上留下深深的痕跡。這種痕跡在避諱字、武周新字及俗字上表現得尤為明顯，所以也可作為敦煌寫本斷代的重要參考。

（一）避諱字

改避帝王名諱是古書中的常見現象。敦煌文獻上起魏晉，下迄宋初，前後跨越六百年，其中隋唐之前抄寫的文獻數量不多，總體上表現出不避諱的特點；唐五代抄寫的文獻是敦煌文獻的主體，其中唐代前期敦煌寫本避諱的現象比較普遍；吐蕃占領敦煌（約 786）以後，敦煌與唐中央王朝的連繫被切斷，避諱制度也就失去了存在的土壤，這一時期的敦煌寫本雖也有避諱字形，但不過是原有書寫習慣的存沿；繼之的歸義軍政權名義上效忠於中央王朝，但實為獨立王國，故避諱情況與陷蕃階段略同。所以敦煌寫本的避諱現象主要涉及唐世祖至唐玄宗等少數幾個皇帝的名諱，避諱方法則以缺筆、改形、換字為主。根據敦煌寫本避諱的上述特點，我們就可以對一些寫本的創作或抄寫時代作出大致推斷。例如：

S.2144 號《韓擒虎話本》，較早時論者多把本篇定作「唐話本」，以為撰作於唐五代時期；後來韓建瓴根據文中的「殿頭高品」等官爵名號北宋初葉始置，因改定作「宋話本」。韓氏又云：唐人避高祖李虎諱，前人名有同之者，或改稱其字，或刪去所犯之字，或以「獸」「豹」「熊」等獸名代之，而本篇韓擒虎名凡六十二見，均直書作「韓㑳虎」或「㑳虎」，不避唐諱，足以見本篇之作遠在唐以後，是宋話本。[14] 按：

14　《敦煌寫本柲韓擒虎畫本〉初探（一）——「畫本」「足本」、創作與抄卷時間考辨》，《敦煌學輯刊》1986 年第 1 期，第 51-61 頁。

「虎」字原卷作本形，或作「虎」（乃「虎」的隸變俗體），確不避唐諱。但何以「擒虎」的「擒」皆作「厹」，韓氏卻未作說明。其實底卷「擒虎」作「厹虎」，恐與避唐諱有關。唐高祖名虎，韓擒虎竟然要擒「虎」，「擒」字自然是不能用的，故改而作「厹」。《北史》本傳「韓擒虎」作「韓禽」，云「本名禽武」，改「擒」作「禽」，當亦與避「虎」字諱有關，可以比勘。又原卷云：「臣願請軍，尅日活捦（擒）陳王進上。」又：「將士亦（一）見，當下捦（擒）將，把在將軍馬前。」前一例「捦」字原卷初作「擒」，又塗去而改書作「捦」。「捦」當是「擒」受「厹虎」的「厹」這個避諱借音字的影響而產生的後起形聲字 [15]，可參。如果這一推斷可信，則本篇必然在唐代就已經初步成形，至於「韓厹虎」的「虎」字反而不改避，並出現若干宋代的官爵名號，或許與本篇最終的寫定時間已到宋初有關。

避諱字的使用與否是推斷敦煌寫本抄寫時代的重要依據。但必須注意的是，避諱字具有承沿性。避諱字既經行用，為大眾所認同，遂成為普通字庫的一分子，後來即便改朝換代，避諱的作用不再，但俚俗「遂誤弗改」，仍會繼續在社會上流傳。如「萘（葉）」「牒（牒）」「洩（泄）」都是唐代避太宗李世民諱的改形字，但後來約定俗成，成為普通異體字，所以即便宋代以後的寫本、刻本中這些字仍經常可以看到。所以避諱字通常只能推定寫本抄寫時間的上限。

2.武周新字

唐武后載初元年（689）正月，武則天頒布新字十二個：𡘈（天）、埊（地）、⊖（日）、㊉（月）、𠡦（年）、○（星）、𠙻（正）、𡙡（君）、忠（臣）、𥞦（載）、𥤐（初）、曌（照）；繼之，又陸續頒布稌（授）、

15　《集韻·沁韻》「接」字音丘禁切，按也，乃別一字。

𨤑（證）、𡐨（聖）、圀（國）、𡆥（人）、囝（月）五字[16]，通行全國。神龍元年（705），唐中宗復國，武周新字也隨之退出流通領域。

　　由於武周新字主要使用於武后當政這一特定的歷史時期，所以武周新字的使用情況，也是敦煌文獻斷代的重要依據之一。一般來說，如果寫本中出現武周新字，則其抄寫年代當不早於武后時期。據初步調查，敦煌文獻有武周新字的寫本大約有 500 號左右，這些寫本的抄寫時間應皆在武后當政以後。但同避諱字一樣，武周新字也有後來沿襲承用的問題，所以這些寫本僅一半左右確出於武后時期，其餘係武周之後所抄[17]。如 P.2187 號《破魔變文》有「為灌頂之圀師」句，「圀」乃「圀」字手寫之變。據卷末題記，該卷的抄寫時間為後晉「天福九年（944）」。宋范成大《桂海虞衡志·雜誌》「俗字」條云：「邊遠俗陋，牒訴券約專用土俗書，桂林諸邑皆然。……大理國間有文書至南邊，及商人持其國佛經題識，猶有用『圀』字者。圀，武后所作國字也。」[18]是宋代邊鄙之地猶或沿用「圀」字也。所以據武周新字只能推斷敦煌寫本撰作或抄寫年代的上限，至其確切年代，則需參考其他因素酌定。

　　3.俗字

　　俗字有時代性。每一個漢字都有它自己產生、演變或消亡的歷史蹤跡，俗字亦不例外。敦煌寫本主要抄寫於六朝以迄晚唐五代，這一

16　關於武周新字的字數、字形，古書所載不一。請參看〔日〕常盤大定《武周新字の一研究》，《東方學報》第 6 冊，1936 年，第 5-42 頁；王三慶《敦煌寫卷中武后新字之調查研究》，《漢學研究》第 4 卷第 2 期，1986 年，第 437-464 頁；張勳燎《武周新字研究》，《古文獻論叢》，成都：巴蜀書社，1990 年，第 53-119 頁；浙江大學古籍研究所碩士生蔡淵迪《武周新字的創製與興廢》，未刊稿。

17　參看王三慶《敦煌寫卷中武后新字之調查研究》，《漢學研究》第 4 卷第 2 期，第 440-442 頁。

18　《桂海虞衡志》，《説郛三種》本，上海：上海古籍出版社，1988 年，第 2872 頁。

時期是漢字俗體氾濫的高峰，許多俗字都是這一時期產生的。俗字的這種時代特徵可以給我們提供寫本書寫年代方面的許多重要信息。如惪（憂）、甦（蘇）、雙（雙）、虿（蠶）、玊（聖）、覔（覓）、孝（學）等都是北朝產生的俗字[19]，如果寫本中有這類俗字，那麼其書寫年代很可能在北朝以後。又如敦煌俗字「模」或寫作「枠」[20]，聲旁易「莫」為「牟」，「模」為《廣韻》模韻字，「牟」為尤韻字，上古音分隸魚部和幽部，讀音頗不一致，但中古音尤韻脣音字讀如虞、模二韻，「牟」字的讀音與「模」接近，故「模」俗書得以改換聲旁作「枠」。據此，假如敦煌寫本中有「枠（模）」這一類改換聲旁的俗字，則其書寫的大致年代當在唐代前後。又如下面的例子：

　　P.3062 號《千字文》，首尾俱缺，抄寫時間不詳。按文中有「恬筆綸（倫）紙」句，其中的「笔」字原卷如此（圖 6），S.3835、5592 號同，S.5454 號、P.3108、3416 號等卷作「筆」。考「筆」字作「笔」較早見於唐代文獻。如 S.388 號《正名要錄》「字形雖別，音義是同，古而典者居上，今而要者居下」類：笔筆。唐釋慧琳《音義》卷八九《高僧傳》第二卷音義：「操筆，下悲密反，郭注《爾雅》云蜀人呼筆為不律，《史記》云蒙恬造筆，《說文》從竹、聿聲。傳文從毛作笔，非也。」（3417 頁）五代釋可洪《音義》第貳拾冊《舍利弗阿毗曇論》第一卷音義：「笔受，上彼密反，正作筆。」又 P.2638 號唐孫愐《唐韻序》前載陸法言《切韻序》：「法言即燭下握笔，略記綱紀；博問英辯，殆得精華。」其中的「笔」字 P.4879＋P.2019 號、P.4871 號同，S.2055 號、P.2017 號《切韻箋注》及王仁昫《刊謬補缺切韻》、《廣韻》皆作「筆」。

19　參看拙作《敦煌俗字研究》，上海：上海教育出版社，1996 年，第 100-102 頁。

20　S.4332 號《別仙子》詞：「此時枠樣，箏來是，秋天月。」「枠樣」即「模樣」。

S.6836 號《葉淨能小説》：「淨能遂取笔書一道黑符，吹向空中，化為著黑衣神人，疾速如雲，即到嶽神廟前。」[21] 據這些資料，可以推知「笔」大約是唐代產生的「筆」的會意俗字；《正名要錄》以「笔」為「古而典者」，「筆」為「今而要者」，恐為顛倒。前揭《千字文》寫本「筆」字作「笔」，則其抄寫時間亦必在唐代以後。

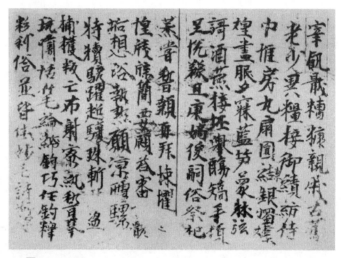

▲ 圖6　P.3062

　　依據俗字考察寫本的書寫年代必須事先對有關俗字產生、消亡的蹤跡有全面的了解，但要做到這一點並不容易。所以據以考察寫本的書寫年代應該慎重。如果可能，當結合紙張、書法等項作綜合考察，以期能得出更為準確的結論。

21　該篇屢屢提及唐玄宗，則其撰作時間不會早於代宗朝（《資治通鑑·唐代宗廣德元年》載，廣德元年葬玄宗「於泰陵，廟號玄宗」），其抄寫時間當更晚。

四、據紙質和形制斷代

鄧廣銘先生認為，可以「根據其形制（紙幅尺寸、界格情況、紙張性質等）和紋飾（文字式樣、書寫體制、裝潢樣式等），從其外形上加以分期」，考定敦煌寫本的年代[22]。

敦煌文獻以紙張為其主要書寫材料。由於時代和產地的不同，紙質亦不盡相同。一般而言，六朝至唐代前期，敦煌寫本用紙大多來源於中原，質薄而細密，平滑柔美，多加染潢；吐蕃占領敦煌以後，與中原的連繫中斷，當時用紙以本地造的土紙為主，硬厚而粗糙，質地低劣，色偏白，或偏土黃色。[23] 根據不同時期用紙方面的特點，我們就有可能給敦煌寫本的書寫年代作粗略的劃分。但由於紙張的緊缺，後來人們也經常利用業已廢棄的寫本的背面來抄寫，所以完全根據紙質來斷代是不可取的。而且由於敦煌寫本分藏於世界各地，研究者無法一一目睹原卷，而通常只能根據影印本來推測，所以根據紙質來斷代在事實上也存在困難。

敦煌書籍抄寫用紙的規格一般是 26×39 釐米或 26×52 釐米，官府文書用紙則一般是 30×45 釐米。每紙上下畫界欄，中間相距 18-19 釐米；一紙分作二十至三十一行不等，南北朝時期標準的寫經是二十五行，隋唐時期則為二十八行；每行抄十二字至三十四字不等，標準的佛教寫經一般十七字，但也有多至三十四字的細字寫經，儒家和道教

22　《敦煌吐魯番文獻研究論集》第 2 輯，北京：北京大學出版社，1983 年序言第 4 頁。

23　參看藤枝晃《文字の文化史》，東京：岩波書店，1971 年；又藤枝晃《漢字的文化史》，翟德芳、孫曉林，譯北京：知識出版社，1991 年；潘吉星《敦煌石室寫經紙的研究》，《文物》1966 年第 3 期第 39-47 頁；潘吉星《中國科學技術史：造紙與印刷卷》北京：科學出版社，1998 年第 103 頁；林聰明《敦煌文書學》，第 90-97、441-442 頁。

文獻正文一行寫十二至十六字，注文則用小字雙行。[24] 這些形制方面的特徵也可作為敦煌寫本斷代的參考。不過由於受紙張大小、抄寫內容及抄手個人習慣等因素的影響，不同時期敦煌寫本的行款並無絕對明確的時代界限，加上後世仿抄情況時有所見，所以寫本行款只能作為斷代的輔助因素，而不可作為唯一的依據。

參考文獻

潘吉星《敦煌石室寫經紙的研究》，《文物》1966 年第 3 期，第 39-47 頁。

施安昌《敦煌寫經斷代發凡——兼論遞變字群的規律》，《故宮博物院院刊》1985 年第 4 期，第 58-66 頁。

施安昌《論漢字演變的分期——兼談敦煌古韻書的書寫時間》，《故宮博物院院刊》1987 年第 1 期，第 65-69 頁。

姜亮夫《敦煌學規劃私議》，《敦煌學論文集》，上海：上海古籍出版社，1987 年，第 1007-1020 頁。

馬世長《〈敦煌星圖〉的年代》，《1983 年全國敦煌學術討論會文集（文史・遺書編上）》，蘭州：甘肅人民出版社，1987 年，第 367-372 頁。

〔日〕藤枝晃《敦煌遺書之分期》，《敦煌吐魯番學研究論文集》，上海：漢語大詞典出版社，1990 年，第 12-15 頁。

〔日〕藤枝晃《敦煌寫本概述》，徐慶全、李樹青譯，榮新江校，《敦煌研究》1996 年第 2 期，第 102 頁。

鄭汝中《敦煌書法管窺》，《敦煌研究》1991 年第 4 期，第 32-42 頁。

鄭汝中《唐代書法藝術與敦煌寫卷》，《敦煌研究》1996 年第 2 期，第 120-129 頁。

〔日〕伊藤伸《中國書法史上から見た敦煌漢文寫本》，《講座敦煌 5・敦煌漢文文獻》，東京：大東出版社，1992 年，第 143-228 頁；譯本題《從中國書法史看敦煌漢文文書》，趙聲良譯，李愛民校，《敦煌研究》1995 年第 3 期、1996 年第 2 期，第 171-189 頁、

24　參藤枝晃《敦煌寫本概述》（徐慶全、李樹青譯，榮新江校），《敦煌研究》1996 年第 2 期，第 102 頁；榮新江《敦煌學十八講》，第 342-345 頁；李際寧《佛經版本・寫本時代的佛典》，南京：江蘇古籍出版社，2002 年，第 14 頁。

第 130-151 頁。

　　林聰明《敦煌文書學》，臺北：新文豐出版公司，1991 年。

　　蘇遠鳴《敦煌漢文寫本的斷代》，耿昇譯《法國學者敦煌學論文選粹》，北京：中華書局，1993 年，第 548-561 頁。

　　戴仁《敦煌和吐魯番寫本的斷代研究》，耿昇譯《法國學者敦煌學論文選萃》，北京：中華書局，1993 年，第 522-547 頁。

　　榮新江《敦煌邈真讚年代考》，饒宗頤編《敦煌邈真讚校錄並研究》，臺北：新文豐出版公司，1994 年，第 354-360 頁。

　　榮新江《敦煌學十八講》，北京：北京大學出版社，2001 年。

　　李偉國《敦煌話語》，上海：上海科技教育出版社，2002 年。

　　金瀅坤《敦煌社會經濟文書輯校》，浙江大學博士後研究工作報告，2003 年。

　　李致忠《敦煌遺書中的裝幀形式與書史研究中的裝幀形制》，《文獻》2004 年第 2 期，第 75-97 頁。

　　竇懷永、許建平《敦煌寫本的避諱特點及其對傳統寫本抄寫時代判定的參考價值》，《敦煌研究》2004 年第 4 期，第 52-56 頁。

　　劉濤《從書法的角度談古代寫本的辨偽——兼說建立古代寫本斷代的「書法座標」》，《敦煌學國際研討會論文集》，北京：北京圖書館出版社，2005 年，第 252-266 頁。

　　竇懷永《敦煌寫本題記的甄別》，《文獻》2009 年第 2 期，第 26-31 頁。

　　竇懷永《敦煌文獻避諱研究》，浙江大學博士論文，2007 年。

（原載《中國典籍與文化》2010 年第 4 期）

貳

敦煌本《文心雕龍》抄寫時間辨考

　　S.5478 號為行書《文心雕龍》殘卷，蝴蝶裝冊葉，局部如下圖所示，存二十二葉，每葉二十行至二十二行不等，行二十到二十三字。起原道第一末行十三字，訖「諧隱第十三」首題，完整者十三篇，約當原書五十篇三分之一強。行書。有烏絲欄。

　　對該卷的抄寫時間，頗見歧異。如趙萬里認為「卷中淵字、世字、民字，均闕筆，筆勢遒勁，蓋出中唐學士大夫所書，西陲所出古卷軸，未能或之先也」[1]。姜亮夫據趙說把具體時間推定為唐宣宗大中七年（853）[2]。日本學者鈴木虎雄則認為「蓋係唐末鈔本」[3]。林其錟、陳鳳金復又以為很可能出於初唐人手。林、陳二位云：

1　《唐寫本文心雕龍殘卷校記》，《清華學報》第 3 卷第 1 期，1926 年，第 97 頁。

2　《莫高窟年表》，上海：上海古籍出版社，1985 年，第 395-396 頁。

3　見范文瀾《文心雕龍注》卷首所載《鈴木虎雄黃叔琳文心雕龍校勘記》，北京：人民文學出版社，1962 年，第 8 頁。

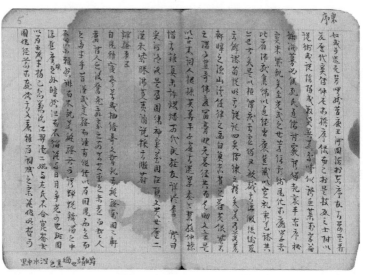

▲ 圖1　S.5478《文心雕龍》（局部）

　　今察此卷，「淵」、「世」、「民」皆缺避，而「忠」（唐高宗太子諱忠）、「弘」（高宗太子諱弘）、「照」（武后諱曌）、「顯」（中宗諱顯）、「豫」（代宗諱豫），均不避。《頌讚第九》有「仲治流別」「治」唐寫本作「冶」。楊明照校云：「冶」乃「治」之誤。可見，高宗李治諱，亦不改避。「旦」（睿宗諱旦）作「旦」，史諱有改作「明」而無作「旦」之例。從以上事實推斷，此卷書寫時間至遲當不晚於開、天之世有很大可能殆出初唐人手。因此，姜氏、鈴木氏之斷恐未的確。[4]

考本卷「淵」「世」「民」等字缺筆「民」字亦有改作「人」的，其為避唐高祖、太宗諱殆可無疑。「仲治」作「仲冶」，歷史上確未見「治」避諱缺筆作「冶」的記載。高宗太子李忠、李弘等人因為最終並未登

4　《敦煌遺書文心雕龍殘卷集校》前言，上海：上海書店，1991年，第2頁。

上皇帝的寶座，故後來不避諱亦在情理之中。唐武后諱曌，除武后當
政時期外，後世一般不避諱。「顯」字該卷皆作「㬎」形，似乎也無避
諱改字的跡象。中宗後繼位者依次為睿宗旦、玄宗隆基、肅宗亨、代
宗豫、德宗適、順宗誦、憲宗純、穆宗恆，等等，其中「隆」「豫」「誦」
「恒」等字寫本即如此作，顯然不避諱；「純」字卷中數見，皆作「𫄧」
形，可能亦與避諱無關（「純」字右半作「乇」形漢碑已然，參看《隸
辨》卷一諄韻）；「基」「亨」「適」等字未見。這裡值得討論的是「且」
字該卷寫作「卫」（見《頌讚》第九）。而且「且」旁亦皆寫作「卫」，
如「但」「怛」「曁」所從的「且」都寫作「卫」（分別見《正緯第四》《哀
悼第十三》《明詩第六》，「曁」字凡七見，下部皆作「卫」），沒有例
外。甚至連與「且」相近的偏旁也寫作「卫」，如《辨騷第五》：「蟬蛻
穢濁之中，浮遊塵埃之外，皭然[涅]而不緇。」（參上附圖倒數第三行）
「[涅]」為「涅」字，其右半寫作「卫」形。這種現象該怎樣來解釋呢？
我們認為最大的可能就是避睿宗諱缺筆。P.3592、2823 號唐明皇撰《道
德真經疏》王重民敘錄云：「卷中淵、民、治等諱字，其在經文，必缺
末筆，若在疏內，則以諱避之字代之。……然則唐人避諱之例，舊文
則缺筆，撰述則採用代字，斯其例矣。」[5]可見繕寫古書避諱缺筆，唐
代中後期實已成為通例。那麼睿宗諱「且」字有沒有缺筆改避的實例
呢？且看宋人葉夢得《石林燕語》卷八的一段記載：「時曁自闕下一
畫，蘇復言字下當從『且』。此唐避代宗諱流落遂誤弗改耳。」[6]文中所
說的「代宗」當是「睿宗」之誤。北宋曁陶自書名字「曁」字自闕下
一橫畫，蘇頌認為是沿襲唐代避睿宗諱的寫法，可證「且」字唐代避

5　《敦煌古籍敘錄》，北京：中華書局，1979 年，第 246 頁。

6　《石林燕語》，《叢書集成初編》本，第 72 頁。

諱缺筆是有案可稽的。前揭《文心雕龍》寫本「旦」字或「旦」旁寫
作「旦」，當是「旦」字避諱缺筆的又一種寫法。因為「旦」字如果缺
末筆，則與「日」字相混無別，那麼最好的解決辦法就是省去「日」
旁的中間一橫。相應地，「旦」旁避諱缺筆也可寫作「旦」了。清周廣
業《經史避名彙考》卷一六帝王類唐睿宗下云：「唐經典碑帖於旦及
但、坦、景、影、暨、亶、宣等字皆『日』字缺中一畫。」[7]其説是也。
「旦」字或「旦」旁避諱缺筆寫作「旦」，在唐代中後期的敦煌寫本中
經見。

這樣看來，前揭《文心雕龍》寫本避唐睿宗諱可以無疑[8]，應定作唐睿
宗朝或其後抄本，而從卷中唐睿宗朝前後的諱字「治」「顯」「隆」「豫」
「恆」等字不缺避，相反「旦」字或「旦」旁無一例外缺筆的情況來
看，尤以睿宗朝書寫的可能性為大。

（原載《文學遺產》1997 年第 1 期）

7　《經史避名彙考》，臺北：明文書局，1981 年，第 243 頁。

8　敦煌文獻對帝王名諱的規避相對寬鬆，抄手對前代帝王名諱或避或不避，均所經見，
　所以本卷避唐高祖、太宗、睿宗諱，卻不避睿宗前的高宗、中宗諱，並非不可理解之
　事。

第四編　抄例論

壹

古代寫本鉤乙號研究

　　古書在流傳過程中，由於種種原因，極易發生字句先後顛倒錯亂的情況。如敦煌寫本北 6415 號（珠 9）北涼曇無讖譯《大般涅槃經》卷二一《光明遍照高貴德王菩薩品》：「其土人民不能恭敬沙門、婆羅門、父母、師長，貪著非法，欲於非法，修行邪法，不信正法，壽命短促。」其中的「短促」《金藏》廣勝寺本、《大正藏》本同，北 6418 號（金 55）作「𢫦促」，「𢫦」即「短」的異體俗字；但北 6416 號（餘 93）、S.237、2216、1828 號等本皆作「促短」。P.2172 號《大般涅槃經音》經文第廿一卷下云：「促短，上七玉反。」「促」「短」義近，「促短」或「短促」乃近義連文，含義相同。較早的時候，漢語同義複詞的先後順序往往是不固定的，故「促短」或「短促」皆所習見。後秦鳩摩羅什譯《大莊嚴論經》卷三：「人命促短，如河駛流。」[1]姚秦竺佛念譯

1　《大正新修大藏經》卷四，臺北：新文豐出版公司，1994-1996 年，第 268 頁。

《出曜經》卷二《無常品》:「雖得為人,值命促短。」[2] 這也是作「促短」的例子。但大約唐代以後,許多同義複詞的先後順序開始固定化,人們習用「短促」,而「促短」就漸漸地被淘汰了。而且傳刻古書時存在以後世的習慣用法來臆改古書的傾向。上例就當以作「促短」為本真,而作「短促」則當是傳抄或傳刻時錯亂所致。

又如 P.2172 號《大般涅槃經音》經文第十二卷:「滿足,上即具反。」「滿足」二字當互乙,注文「上即具反」為「足」字的切音,可證;《金藏》廣勝本經文有「時王頂上生一肉疱,其疱柔軟,如兜羅綿、細軟劫貝,漸漸增長。足滿十月,疱即開剖,生一童子」等句,正作「足滿」。其作「滿足」者,亦因抄手習用而錯亂。

又如《敦煌變文集·維摩詰經講經文》:「問:阿難是佛得道夜生,廿方為侍者,從前教法,未曾聞,故何稱我聞。」(523 頁)王慶菽校記:「『何』字疑衍。」徐震堮駁之,云:「『何』字非衍文,乃與『故』字誤倒,此問語也。」[3] 徐説是。「聞」後當改施問號。前後文云:「何不順教,稱無我耶?」「何故再説?」「何得聞之?」等等,並其比矣。

又同書載句道興本《搜神記》:「女郎語霍曰:『你是何人,入我房中?』霍語女郎曰:『娘子是何人,入我房中?』女郎復語霍曰:『我是遼西太守梁合龍女,今嫁與遼東太守毛伯達兒為婦。今日迎車在門前,因大風,我暫出來看風,即還家入房中,其房此是君房?』」(871頁)王慶菽校末句的「此」為「不」。然「此」「不」形音並遠,無由致誤;且原句顯係反詰語氣,改「此」為「不」,意反不貫。今謂「此」字不煩改,而當與其前「房」字互乙。「其」猶豈[4]。「其此房是君房」,

---

2　同上,第615頁。

3　徐震堮《敦煌變文集校記補正》,《華東師大學報》1958年第1期,第39頁。

4　劉淇《助字辨略》卷一:「其、豈音相近,故通也。」

相當於說難道這是你的房子？王校不明字有顛倒，改字為說，自非其
當。

又 P.2011 號《刊謬補缺切韻》去聲陷韻：「䶖仕陷反，遺言。三。讒輕
言。又仕咸反。傔陷。隘火陷反，犬聲。一。鹹公陷反，鹹。一。」按故宮本王
仁昫《刊謬補缺切韻》以上五條作：「讒仕陷反，遺言。三。傔輕言。隘陷。
鹹火陷反，犬聲。一。䶖公陷反，鹹。一。」當據正。大概「讒」「䶖」二字
切音皆有「陷反」字樣，抄手走眼，把末條字頭「䶖」誤抄於第一條
字頭「讒」的位置，鳩占鵲巢，於是「讒」以下四個字頭不得不依次
後移，原文便亂了套。

由此可見，古書流傳時字句出現顛倒錯亂是免不了的。當抄手或
讀者發現字句有顛倒錯亂時，就會採取一些改正措施，其中最常見的
就是在顛倒的字詞右側標注鉤乙號。

一

鉤乙號，或稱「倒乙號」[5]、「乙倒號」[6]、「鉤倒號」（詳下）、「乙
正號」[7]、「乙字符」[8]、「乙字符號」[9]，或分稱「鉤符」和「乙符」[10]。
在敦煌寫本中，這種乙字的符號通常是一小鉤「✓」（例詳下），也有
作「乙」字形的。如日本東京臺東區立書道博物館所藏《中村不折舊
藏禹域墨書集成》8 號《妙法蓮華經》卷三《化城喻品第七》：「是時十

5　李正宇《敦煌遺書中的標點符號》，《文史知識》1988 年第 8 期，第 98 頁。

6　林聰明《敦煌文書學》，臺北：新文豐出版公司，1991 年，第 253-255 頁。

7　蔣宗福《敦煌禪宗文獻研究》，四川大學博士學位論文，2002 年，第 91 頁。

8　張小豔《敦煌書儀語言研究》北京：商務印書館，2007 年，第 231-232 頁。

9　張涌泉《敦煌變文校讀釋例》，《敦煌學輯刊》1987 年第 2 期，第 27-28 頁。

10　曾榮汾《敦煌寫卷書寫符號用例試析》，《木鐸》1979 年第 8 期，第 361-366 頁。

六菩薩沙弥佛知人室寂然禪定，各昇法坐。」原卷「佛知」二字間右側有一「⤵」形符號，表示此二字當互乙。又敦研 312 號《金光明經》卷一序品第一：「是時如來遊於无量甚深法性諸佛行處，過諸薩菩，所行清淨。」原卷「薩菩」二字間右側有一「ㇷ」形符號，表示此二字當互乙。又甘博 136 號《道行般若經》卷九：「其池中有眾琦雜鳥，鳧鴈、鴛鴦、異類琦鳥，數十百種。」原卷「琦雜」二字間右側有一「ㇷ」形符號，表示此二字當互乙。又敦博 24 號《大般涅槃經》卷二七《師子吼菩薩品》：「若聞菩薩行七步已，唱是如言，我今此身最是後邊。」原卷於「是如」二字右側有一「ㇷ」形符號，表示此二字當互乙。又敦博 72 號《妙法蓮華經》卷四《安樂行品》：「佛為四眾，説上無法。」原卷「上旡」二字間右側有一「ㇷ」形符號，表示此二字當互乙。又浙敦 28 號《大智度論》卷七二《釋論》：「如是業因緣在世間轉輪，貴賤、大小無定。」原卷「轉輪」二字間右側有一「ㇷ」形符號，表示此二字當互乙。又吐魯番出土文書阿斯塔那 524 號墓義熙（405-418）寫本《毛詩鄭箋·小雅·六月》：「整居焦護（穫），鎬侵及方，至乎▭▭」原卷「鎬侵」二字間右側有一「ㇷ」形符號，表示此二字當互乙，傳本《詩·小雅·六月》正作「侵鎬及方」。

　　除了鉤形或乙字形符號以外，敦煌吐魯番寫本中鉤乙號又有用頓點來表示的。[11] 如 Ф.230 號玄應《一切經音義》卷二節抄本《大般涅槃經》第十卷音義：「口爽，兩所反，爽，敗也。」「兩所」二字間右側

---

11 用頓點表示乙正東晉簡牘中已見其例。友生秦樺林檢示甘肅高臺駱駝城前秦木牘《高俠墓券（一）》：「生人有城死人郭有。」原牘「郭」「有」二字間（偏右）有一頓點，寇克紅《高臺駱駝城前秦墓出土墓券考釋》（《敦煌研究》2009 年第 4 期）定作乙正號，校錄作「生人有城，死人有郭」，極是，同墓出土的《高俠墓券（二）》、《高容男墓券》俱有「死者屬太山，生者屬長安」語，句式相同，可參。以上三方木牘皆署「建元十八年（382）」紀年。

原卷有一頓點（如圖 1 所示），蓋指此二字當互乙，慧琳《一切經音義》卷二六同一經音義「口爽」條「爽」字正音「所兩反」。《叢書集成初編》本玄應《一切經音義》作「計兩反」，「計」應為「所」字之訛，可參。

又《吐魯番出土文書》〔參〕阿斯塔那 150 號墓《唐白夜默等雜器物帳》：「曹不之擬小瓶一。」注釋云：「曹不之擬：原作『曹不擬之』，『之』字右上有一點。按同墓《唐翟建折等雜器物帳》中有『曹不之擬』，其『之』字右上無點，則知本件『之』字右上一點係互乙符號，遂據改。」（26 頁）原卷如圖 2 所示，《吐魯番出土文書》乙校可從。

▲ 圖1　　▲ 圖2　　▲ 圖3　　▲ 圖4

當鉤形、乙形或頓點形符號難以表達乙字的確切含意時，敦煌寫本中又有用線形符號來表示的。如 P.2187 號《破魔變文》：「阿奴身年十五春，恰似芙蓉出水濱。帝釋頻來問梵王，父母嫌卑不許人。」其中第三句「頻來問」三字右側原卷畫了一條帶彎的線「〕」（圖3），表示「梵王」二字當乙至「帝釋」之後，作「帝釋梵王頻來問」。又如 Φ.101 號《維摩碎金》：「仏臺蓮向宣妙法，一時令入法王家。」原卷「臺蓮」、「蓮向」右側各有一「✓」形乙正符，又於「蓮向」二字左側畫了一條「〔」形弧線作補充提示（圖4），表示前句當乙作「仏向蓮臺宣妙法」。

　　鉤乙號通常標注於應加乙正二字之間的右側或誤倒字的右側，偶爾也有標在上一字右側的。如 P.3004 號《乙巳年徐流通還雜絹契》：「更殘肆匹半絹、諸雜料當限更五年填還者。」劉復《敦煌掇瑣》錄此契，注云：「『更』字或當在『限』字上，故用『乚』以示誤寫。」[12] 劉校是對的（「更限」即改限，「限」指期限）。但原卷的鉤乙號是「乚」而不是「乚」（圖 5）。又如吐魯番出土文書阿斯塔那 93 號墓《武周長安三年（703）西周高昌縣嚴苟仁租葡萄園契》：「長安參年二月二日嚴苟仁於麴善通邊租取張渠陶蒲一段二畝。」「陶蒲」當作「蒲陶」，原卷「蒲」字在次行首，其右側有一「ｖ」形鉤乙符號（圖 6）。又 P.3079 號《維摩詰經講經文》云「任你羞珎餐百味」，「珎」即「珍」的俗字，其字右側有一小鉤（圖 7-1），表示當與上一字「羞」互乙。同卷又云「莫向天中五深欲」，「深」字右側有一小鉤（圖 7-2），則表示下一「欲」字當與上「深」字互乙。

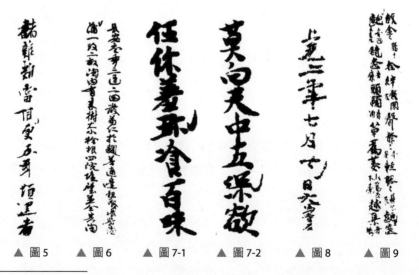

▲ 圖 5　　▲ 圖 6　　▲ 圖 7-1　　▲ 圖 7-2　　▲ 圖 8　　▲ 圖 9

12　《敦煌掇瑣》，《敦煌叢刊初集》第 15 輯，臺北：新文豐出版公司影印本，1985 年，第 245 頁。

又吐魯番阿斯塔那 506 號墓《唐上元二年（761）馬寺尼法□買牛契》：「上元二年七月廿日六馬寺尼法□□□□□」《吐魯番出土文書》〔肆〕校記：「『廿✓日六』：當作『廿六日』。『日』字右上角『✓』號應在『六』字右上角。」（575 頁）按原卷如圖 8 所示。此例乙字符本應標於「六」字右側或「日」與「六」二字之間，原卷卻標於「日」與上一字「廿」之間，或是抄手誤置。

下面舉一個鉤乙號連續出現的例子。P.2058 號《字寶》平聲：「齞齒齙，音包，五交反。」如圖 9 所示，「齞齒」二字原卷在行末，二字間的右側有一「✓」形符號；「齙」字在次行首，其右上角亦有一「✓」形符號；此例「齞齒」二字應先互乙作「齒齞」，接著「齞」再與下行的「齙」字互乙，乙正後原文便成了「齒齙齞」，注文「音包，五交反」即依次為「齙齞」二字注的音。P.3906、S.6204 號《字寶》平聲作「齒齙齞，音包，下五交反」，正作「齒齙齞」可證。

至於乙正的字，通常是一字，但也有二字或二字以上的。如 S.530 號《沙州釋門索法律窟銘稿》：「大士陵虛，排綵雲而霧集；神通護世，威振惜邪魔於。」原卷如圖 10 所示，「於」字右側有一「✓」形符號，乃指「於」當與其上的「邪魔」二字互乙，校讀作「威振惜於邪魔」。又 S.516 號《歷代法寶記》：「佛即不墮眾數，超過一切，法无垢淨，法无形相，法无動亂，法无處所，法无取捨，是以超過孔丘莊子老子。」原卷如圖 11 所示，末句「莊子」的「子」與下「老」字間右側有一小鉤，應是指「莊子」當與其下「老子」二字互乙，校讀作「是以超過孔丘、老子、莊子」。又 P.2305 號《解座文匯抄》：「人世生一瞥然間，不修實是愚癡意。」原卷如圖 12-1 所示，「世」與「生」間右側有一小鉤，應是指「世」當與其下「生一」二字互乙，校讀作「人生一世瞥然間」（該卷上下文屢見「人生一世」之語）。同卷又云：「交你似石崇

家惣（總），心中也是無厭足。」《敦煌變文集》校記云：「『總』字旁原有號，應指『總』字移至本句首。」（671 頁）這個校記有兩點可以補正：一是原卷的鉤乙號作「✓」形，標注於「家」與「惣」二字的右側（圖 12-2）；二是「惣（總）」當讀為「縱」（「總」「縱」音近古通用）。這個例子「總（縱）」字乙至句首所乙的字就有六字之多了。

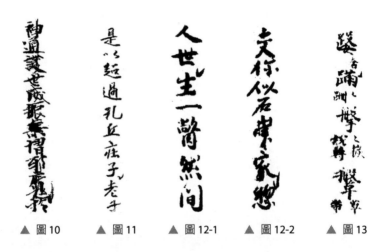

▲ 圖 10　　▲ 圖 11　　▲ 圖 12-1　　▲ 圖 12-2　　▲ 圖 13

　　P.2011 號王仁昫《刊謬補缺切韻》寒韻薄官反：『娑（婆）奢。蹣蹣跚。搫搫挼，婉轉。鞶革帶。」原卷如圖 13 所示，「蹣」字右側有一「✓」形鉤乙號。查故宮本王仁昫《刊謬補缺切韻》「娑」字條在「鞶」字條下，據此，原卷「蹣」右側的鉤乙號或即指「蹣」以下三條當移至「娑」字條之上。《廣韻・寒韻》「娑」字條也在「鞶」等數條之後，可參。如果這一推斷成立，那麼具體需要乙轉的條目有時就不太好把握了。

　　二

　　如上所說，古代寫本鉤乙號的位置或上或下，鉤乙的字數或多或

少，頗不一致。這種繁複的情況，自然造成了校錄的困難。這裡先看一個敦煌寫卷抄手因之致誤的實例：

例一，北 8435 號（光 94）《維摩詰經講經文》：「我空聞當月闇，為有浮雲。」原卷如圖 14-1 所示。上一句費解。檢核該卷的祖本 P.3079 號上一句亦如此作，但「空聞」「聞當」二字的右側並有鉤形乙正符號（圖 14-2），則原文當乙作「我聞當空月闇」（先乙正「空聞」二字，在此基礎上再乙正「空當」二字。參看上舉 P.2058 號《字寶》條乙字例），文義豁然。北 8435 號的抄手不加辨察，徑抄作「我空聞當月闇」，就文不成句了。

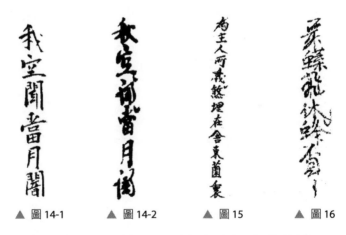

▲ 圖 14-1　　▲ 圖 14-2　　▲ 圖 15　　▲ 圖 16

下面再看幾個後人的校錄中因不察鉤乙號而誤錄的例子：

例二，S.525 號《搜神記》「劉寧」條：劉寧外出經商，回家途中被旅店主人王僧勢謀殺，劉寧託夢告其兄弟：「昨向瀛州賣牛，得絹廿三匹，卻迴城南一百七十里，投寄主人王僧勢家宿，為主人所我煞埋在舍東薗裡枯井中。」原卷如圖 15 所示，「我煞」二字間右側有一「√」形符號，乃指「我」當與其下的「煞埋」二字互乙，校讀作「為主人所煞，埋我在舍東薗裡枯井中」。《敦煌變文集》第 877 頁迻錄該

句，漏錄「所」字，讀作「為主人煞我，埋在舍東園裡枯井中」「我」僅與其下「煞」一字互乙，殆誤。

例三，《敦煌變文集·維摩詰經講經文》：「漫行行，徒歷歷，舞蝶休飛蜂覓覓。」（580 頁）下句文意費解。考寫本原卷 S.3872 號本作「舞蝶飛休蜂覓覓」，「休蜂」二字間右側有一鉤形乙正符號（圖 16），乃指「休」「蜂」二字當互乙，作「舞蝶飛蜂休覓覓」。《變文集》誤以「休」當與其上的「飛」互乙，因改「飛休」為「休飛」，則非其意矣。

例四，P.3849 號背《俗講莊嚴回向文》：「惟願威光轉盛，福力弥增；興運慈悲，救人護國；使四〔時〕順序，八表無虞，九橫不侵，萬人安樂，法轉常輪，佛日恒明。……刀山落刃，劍樹峯摧。」其中的「法轉常輪」的「常輪」二字之間、「劍樹峯摧」的「峯摧」二字之間右側原卷各有一個鉤乙號（圖 17），荒見泰史《敦煌變文寫本的研究》（復旦大學 2001 年博士論文）第 138 至 139 頁校錄此文，錄「法轉常輪」為「法轉輪常」。按：「劍樹峯摧」據原卷的鉤乙號提示應校錄作「劍樹摧峯（鋒）」；「法轉常輪」據鉤乙號的通例確應作「法轉輪常」，問題是「法轉輪常」講不通，此處應據文義校錄作「法輪常轉」，荒見

▲ 圖 17　　　　▲ 圖 18-1　　　　▲ 圖 18-2　　　　▲ 圖 19

在同書第 68 至 69 頁引此文，徑錄作「法輪常轉」是也。P.3770 號背有同一《俗講莊嚴回向文》，上揭二句正作「法輪常轉」、「劍樹摧鋒」可為校字之證。

例五，P.3270 號《兒郎偉驅儺》：「急惣榮（營）農着作莫交種蒔蘭珊。」原卷「着」字右下側有一表圈斷的小圓圈，「作」字右下側有一表乙正的「✓」（圖 18-1），或錄作「急總榮（營）農作着，莫交種蒔蘭珊」[13]，似誤。此處「✓」號當是指「着」字右下側表圈斷的小圓圈當乙至「作」字之後。「着作」謂使作，「着」同「著」，表示使令。同卷又一篇：「家人急惣着作，秋時廣運麥圖。」（圖 18-2）亦用「着作」一詞。

例六，郝春文主編《英藏敦煌社會歷史文獻釋錄》第一卷《建初十二年（416）正月敦煌郡敦煌縣西宕鄉高昌里籍》：「敦煌郡敦煌縣西宕鄉高昌里兵呂德年卌五，唐妻年卌一。」[14] 查原卷 S.113 號，如圖 19 所示，「唐妻」二字右側有一兼於頓點和「✓」形之間的符號，應是鉤乙號，指此二字當互乙，謂呂德之妻姓唐。[15] 同一寫卷其他人戶下有「妻袁年六十三」、「妻曹年五十」、「妻呂年廿六」等皆作「妻＋某姓」的格式可以比勘。

三

乙正顛倒的字句古書通常稱作「乙」。唐韓愈《昌黎集》卷十一《讀鶡冠子》云：「文字脫謬，為之正三十有五字，乙者三，滅者二十

13　《敦煌願文集》，長沙：嶽麓書社，1995 年，第 950 頁。

14　《英藏敦煌社會歷史文獻釋錄》第一卷，北京：科學出版社，2001 年，第 185 頁。

15　此說李正宇《敦煌遺書中的標點符號》一文（《文史知識》1988 年第 8 期，第 98 頁）即已發之，但李文稱原卷的鉤乙號作「✓」，不確。

有二，注十有二字云。」[16]「正」是改正錯字，「滅」是刪除衍文，「注」是旁補脫字，而「乙」就是指乙正顛倒的文字。S.525 號《搜神記》「管輅」條謂趙顏子年十九當死，後來他買通了管生死的南斗和北斗，南斗在他的壽限「十九」之間「取筆乙復邊」[17]，從而使他的壽年從十九變成了九十，並謂「世間有行文書顛倒者，即乙復邊，因斯而起」[18]。其中的「乙」即鉤乙顛倒的字句，「復」疑當讀作「覆」；所謂「乙復邊」，就是指在誤倒字的邊上標注乙字符號把被顛倒的文字乙正過來。

　　古書又有「塗注乙」或「塗乙」並稱者。宋孫奕《履齋示兒編》卷一七「塗注乙」條云：「今進士書試卷末云：塗、注、乙共計若干字。唐時已有此語。……劉蛻《文塚銘序》云：實得二千一百八十紙，有塗者、乙者，有注揩者，有覆背者，有朱墨圍者。」[19] 又洪邁《容齋續筆》卷十三「貽子錄」條：「先公自燕歸，得龍圖閣書一策，曰《貽子錄》。……所編皆訓傚童蒙，其修進一章云：……燭下寫試無誤筆，即題其後云『並無揩改、塗、乙、注』。如有，即言字數。」[20] 又朱熹《晦庵先生朱文公文集》卷八二《再跋參政龔公陛辭奏藁》：「復以此軸見示，塗乙點定，手筆粲然。」[21] 歐陽修《歐陽文忠公文集》卷四一《詩譜補亡後序》：「凡補其譜十有五，補其文字二百七，增損、塗乙改正者三（原注：一作「八」）百八十三，而鄭氏之譜復完。」[22] 所謂「塗、

16　《朱文公校昌黎先生文集》卷一一，《四部叢刊》景印元刊本，第 11 頁。

17　敦煌句道興本《搜神記》作「遂把筆顛倒句著」，傳世的八卷本《搜神記》作「乃取筆挑上」。

18　句道興本《搜神記》作「著脫字傍邊注，因斯而起」。

19　《履齋示兒編》，《叢書集成初編》本，第 175 頁。

20　《容齋續筆》卷十三，《四部叢刊續編》景印宋刊本，第 4 頁。

21　《晦庵先生朱文公文集》卷八二，《四部叢刊》景印明嘉靖刊本，第 19 頁。

22　《歐陽文忠公文集》卷四一，《四部叢刊》景印元刊本，第 7 頁。

注、乙」，「塗」指塗改，相當於韓愈所説的「正」，而「乙」也正是指乙正顛倒的文字而言。

　　至於乙正誤倒字的具體做法，宋陳騤《南宋館閣錄》卷三《儲藏・校讎式》云：「諸字有誤者，以雌黃塗訖，別書；或多字，以雌黃圈之；少者，於字側添入，或字側不容注者，即用朱圈，仍於本行上下空紙上標寫；倒置，於兩字間書『乙』字。」[23] 又《永樂大典》卷二〇三〇九「乙」字下「校書卜乙」條云：「《項氏家説》亦以溫公為證，謂勘書之法，有為『乙』字，布於兩間者，先自右勾上一字而使之下，復自左勾下一字而使之上，明其字當兩易也。……今人之為『乙』字者，乃別著於旁，獨以『乙』首指下一字，而使其尾外挑，遂有讀『乙』為『挑』者，不知挑置何處也。……南渡前，舊抄文字亦有用『乙』、『卜』者。……館中校書格：……倒者，於兩字間書『乙』字。是『乙』字亦別注於旁。舉子書卷末，直云『注乙』，不為怪也。」[24] 皆説之鑿鑿，可見「乙」的確是就乙正誤倒文字而言。

　　在這裡，我們有必要糾正若干流傳已久的錯誤認識。明王世貞《弇州續稿》卷二百二《答慎侍御》，在回答「歐文忠《詩譜補亡後序》末云『增損圖乙』，不知何以為圖？何以為乙？」的疑問時説：「原本云『增損塗乙』，塗者，塗抹也；乙者，勾止之也。乙字義見《東方朔傳》。」[25] 明徐燉《徐氏筆精》卷六「乙」字條亦云：『韓文公《讀鶡冠子》『乙者三，滅者二十二，注十有二字』，歐陽公《詩譜後序》曰『增減圖（塗）乙』。圖（塗）者，塗抹也；乙者，勾止也。按《史記》：

23　陳騤《南宋館閣錄》，北京：中華書局，1998年，第23頁。

24　《永樂大典》第8冊，北京：中華書局影印本，1986年，第7593-7594頁。

25　《弇州續稿》，《四庫全書》第1284冊，上海：上海古籍出版社影印文淵閣本，1987年，第854頁。

東方朔上公車三千牘，人主從上方讀之，止，輒乙其處，讀之二月乃盡。」[26]其實《史記》「輒乙其處」的「乙」乃《説文》「乚」（小篆作「⎰」）的傳刻之訛。《説文·乚部》：「乚，鉤識也。從反𠃑。」段玉裁注：「鉤識者，用鉤表識其處也。……輒乙其處，二月乃盡，此非甲乙字，乃正乚字也。今人讀書有所鉤勒即此。」王世貞等人把「輒乙其處」的「乙（乚）」和「塗乙」的「乙」混為一談，而釋「塗乙」的「乙」為「勾止」，那自然是荒誕的。

又明梅膺祚《字彙·乙部》「乙」字下云：『又腫與切，音主，與駐同。《史·東方朔傳》『止，輒乙其處』，謂有所絕止而記之曰乙。如士人讀書以朱志其止處也。又文字有遺落，勾其旁而添之亦曰乙。《唐試士式》『塗幾字、乙幾字』是也。今試式亦然，而作註，註乃駐之訛耳。」又清翟灝《通俗編》卷七《文學》「塗乙」條云：「《唐試士式》：塗幾字、乙幾字，乙音主，與駐同。文字遺落，鉤其旁以補之，畫作乀形，非甲乙之乙也。又《漢書·東方朔傳》『輒乙其處』，謂止絕處，駐而記之，如今人讀書以朱識其所止，作乚形，亦非甲乙之乙也。」[27]清阮葵生《茶餘客話》卷二：『《唐試士式》：塗幾字、乙幾字，乙音主，與駐同，文字遺落，從旁添之也。」[28]清梁章鉅《浪跡續談》卷七「添注塗改」條亦云：「今科場格式，卷末須註明添注塗改，蓋自唐時即有之。《唐試士式》：塗幾字、乙幾字，皆令注明。乙音主，與駐同，文字遺落，鉤其旁以補之，畫作乙形。今人以為甲乙之乙，誤矣。」[29]

26　《徐氏筆精》，《四庫全書》第856冊，上海上海古籍出版社影印文淵閣本，1987年，第548頁。

27　《通俗編》，北京：商務印書館，1958年，第149頁。

28　《茶餘客話》，北京：中華書局，1959年，第48頁。

29　《浪跡續談》，《續修四庫全書》1179冊，上海：上海古籍出版社影印清道光二十八年刻本，2002年，第312頁。

其實「點」乃《説文》「丶」的後起形聲字，乃古人句讀的標識，和「輒乙其處」的「乙」也不是一回事。方以智《通雅》卷三二《器用・裝治》云：「塗乙，塗竄鉤止也。……輒乙其處，二月乃盡。謂以筆鉤斷畫止也。開寶六年，命盧多遜、扈蒙、張澹參詳長定循資格，塗、注、乙二十條。……升菴以『塗乙』讀為『塗點』，後訛作『塗註』。然則開寶之分塗、注、乙，何以分為？」[30] 方以智把「塗乙」的「乙」混同於「輒乙其處」的「乙」，自屬無稽之談；且他否定「塗乙」等於「塗註（點）」，則是知言之選。至於《唐試士式》「塗幾字、乙幾字」的「乙」，和前引韓愈等人「乙」字的用法相同，也正是指乙正顛倒的文字而言；《字彙》等把此「乙」字釋為「文字有遺落，勾其旁而添之」，今天通行的大型辭書如《辭源》修訂本、《漢語大字典》、《漢語大詞典》皆承沿之，非是。

　　不過「乙」字《説文》訓「象春艸木冤曲而出，陰氣尚彊，其出乙乙也。與丨同意，乙承甲，象人頸」，即甲乙的「乙」，為天干的第二位，與「塗乙」的「乙」的確本非一字。「塗乙」的「乙」乃是「亅」的訛變字。《説文・亅部》:『亅，鉤逆者謂之亅。象形。讀若橜。」「亅」《説文》小篆作「ऽ」，上揭《項氏家説》謂勘書之法有為「乙」字「布於兩間者，先自右勾上一字而使之下，復自左勾下一字而使之上，明其字當兩易也」，與「ऽ」字字形正相吻合。譚步雲認為「ऽ」即「鉤倒號」，極是。[31]「鉤逆」猶言「鉤倒」，「鉤逆者」正是乙正倒誤文字的符號。

30　《通雅》，上海：上海古籍出版社，1988年，第987頁。

31　王筠《説文句讀》「鉤逆者謂之」下注云：「謂之逆者，蓋倒鬚鉤也，釣魚用之。」《漢語大字典》據以釋「亅」為「倒鬚鉤」，非是。

　　「鉤逆」號在《說文》之前的先秦古文字中就已經產生[32]。郭沫若較早提出金文中有「鉤倒」的標識。《殷周金文集成》7‧4024 號《鄭虢仲敦》，郭沫若釋文云：「此敦凡二具，一具器文『十又一月』作『十一月』，一又二字倒，而又字多一橫鉤，此金文鉤倒之確例。」[33] 又《殷周金文集成》16‧10251 號《銅匜銘文》有「其匜」二字，如圖 20 所示，右旁有一「╰」形標記，孫稚雛認為也是「鉤倒符號」，原文當乙作「匜其」[34]。可見鉤乙符號起源甚古，可謂源遠而流長。《說文》「ㄣ」顯然就是根據當時抄本古書中鉤乙號的實際形狀而收入的，與金文中的「ㄋ」「╰」等鉤乙標識一脈相承。而敦煌寫本用於鉤乙顛倒文字的「✓」「ㄨ」「ㄟ」一類符號，正是「ㄣ」形的隸變之異。「ㄣ」與敦煌寫卷中的「ㄟ」「ㄨ」「ㄟ」等形，不過手寫之小變；而「ㄣ」變

▲ 圖 20

32　譚步雲認為甲骨文已有鉤倒號的雛形，譚說見《出土文獻所見古漢語標點符號探討》，《中山大學學報》1996 年第 3 期，第 102 頁。

33　《郭沫若全集‧考古編》第八卷《兩週金文辭大系圖錄考釋》，北京：科學出版社，2002 年，第 387 頁。

34　孫稚雛《金文釋讀中一些問題的商討》《中山大學學報》1979 年第 3 期，第 56-57 頁。

為「✓」，與「ʂ」變為「亅」軌跡近似，「✓」「亅」當係楷書之變。而唐代以後俗語稱「塗乙」，「乙」又「ᴈ」「ᴗ」「ᴄ」等形訛變後的俗讀，本非甲乙之「乙」也。

參考文獻

孫稚雛《金文釋讀中一些問題的商討》，《中山大學學報》1979 年第 3 期，第 56-57 頁。

曾榮汾《敦煌寫卷書寫符號用例試析》，《木鐸》第 8 期，1979 年 12 月，第 361-366 頁。

張涌泉《敦煌變文校讀釋例》，《敦煌學輯刊》1987 年第 2 期，第 27-28 頁。

李正宇《敦煌遺書中的標點符號》，《文史知識》1988 年第 8 期，第 98 頁。

林聰明《敦煌文書學》，臺北：新文豐出版公司，1991 年，第 253-255 頁。

王重民等《敦煌變文集》，北京：人民文學出版社，1957 年。

唐長孺主編《吐魯番出土文書》（圖錄本）1-4 冊，北京：文物出版社，1992-1996 年。

（原載《浙江社會科學》2011 年第 5 期）

貳

敦煌寫本省代號研究

一

　　「省代號」這個名稱是李正宇先生首先提出來的。李氏在《敦煌遺書中的標點符號》（《文史知識》1988 年第 8 期）一文中指出：「（省代號）起省代主詞的作用，在辭書和類書卷子中出現。」其實所謂的「省代號」和重文省書的重文號在本質上是一致的，都是對特定的上文中已經出現過的字詞用符號來代替。不過前者主要見於類書、辭書和音義類寫卷辭目下的注文中，省略符號和被省略的字詞可以隔開若干個其他字；後者則沒有文體或正文注文的限制，省略符號總是緊接在被省略的字詞之後。

　　省代號淵源於重文號，形狀也與重文號略同，主要有「 ＝ 」、「 ㇏ 」、「 ﹅ 」、「 〈 」、「 ㇁ 」等形式。例如：

　　S.6187 號《切韻·侵韻》渠金反：「檎，林㇁。」

　　S.2071 號《切韻箋注·支韻》魚為反：「巍，屟㇁。」又元韻韋元

反：「轅，車：」

　　P.3696 號《切韻·支韻》章移反：「枝，樹𠂆。」

　　P.2014 號《大唐刊謬補闕切韻·豪韻》他刀反：「韜，𠂇藏。」

　　S.6329 號《韻書字義抄》：「柴，薪𠃌」

　　P.2014 號《大唐刊謬補闕切韻·冬韻》：「蜙，𠃌蝑蟲。先恭反。」

　　與重文號不同的是，省代符另有作一短豎「｜」形狀的。如 P.2016 號《大唐刊謬補闕切韻·東韻》莫紅反：「幪，覆也，蓋衣也，又｜縠。」又云：「罞，麋罟胃（謂）之｜也。」該卷除此二例外，其他字頭下省代號仍作「ㄟ」、「ㄟ」、「ㄣ」形。又 S.461 背（上部）《雜字類抄》：「幕，音莫，帷｜。」此例注文「｜」當是字頭「幕」字的省代符；郝春文主編《英藏敦煌社會歷史文獻釋錄》第二卷錄作「也」字（340頁），非是。《廣韻·鐸韻》暮各切（與「莫」字同一小韻）「幕」字下釋云「帷幕，又姓」，可證。又北 8722 號（李 39）《藏經音義隨函錄》所載《菩薩瓔珞本業經》上卷音義：「只羅，上支、紙二音，梵言度｜羅，秦言無瞋恨。」又 P.2948 號《藏經音義隨函錄選抄》所載《蓮華面經》上卷音義：「悉蔽，必袂反，悉｜不現。」又下卷音義：「窣吱曷，上蜜二反，中去智反，下何割反，國王名｜｜｜曷羅俱邏。」又同卷《妙法蓮華經》第二卷音義：「齰齧，上竹皆反，齧挍日｜也。」又同卷《諸法無行經》上卷音義：「婬怒，上余林反，｜逸不謹也。惧。」敦煌本《藏經音義隨函錄》標目字在注文中重出時用一短豎代替，與《高麗藏》本可洪《藏經音義隨函錄》相同，這種方法在五代以後刻本韻書字書中較為流行（如《唐五代韻書集存》第 775 至 778 頁所載吐魯番出土的五代北宋初所刻韻書殘葉、遼釋行均編《龍龕手鏡》皆用此法），而唐代以前別無所見，據此推斷，上揭 P.2016 號《大唐刊謬補闕切韻》、S.461 背《雜字類抄》大約也是五代以後的寫本，其用短豎形省

代符，可能是受了當時刻本韻書字書的影響。

姜亮夫先生在《隋唐宋韻書體式變遷考》一文中指出：「諸韻書卷子，遇注中字與正文疊者，王仁昫以前皆作『＝』，而王仁昫以後則有作『〻』『々』者矣。至諸北宋刊本則多以『｜』易之，且王書前僅於注文中第一字與正文疊者方作疊字型大小（S.2055 為異偶，有例外），第二字以後則仍端書不變；王仁昫卷而後，乃漸有於注中凡與正文同之字皆作『＝』若『々』、『｜』者，此亦日趨簡易之一例也。」（《敦煌學論文集》第 474 頁）其實，不管抄寫時代在王仁昫《刊謬補缺切韻》以前抑或以後，不限於注文中第一字，也不限於韻書卷子，舉凡韻書、字書、音義書、類書之屬注文中字與正文同者，皆可用省代號代替（以下舉例時省代號統一用「＝」形符號代替）。如 P.3798 號《切韻》殘葉東韻薄紅反：「𥯤，車＝。」S.388 號《字樣》：「裨，＝益，從衣。」P.2494 號《楚辭音》：「摯，止示反，＝＝，伊尹名。調，徒雕反，＝和也。」P.3776 號《雜集時要用字・天部》：「暈，日＝。輪，日＝。色，日色。曜，日＝。光，日＝。蝕，日＝。」又云：「峯雲，＝形如山峯。斷雲，＝斷。」

重文號與「二」字相近，故頗有與「二」字相亂者。[1] 省代號同樣易於與「二」字相亂。如 S.2071 號《切韻箋注・蕩韻》模朗反：「瞞，無瞞目。」「無瞞目」費解，故宮本王仁昫《刊謬補缺切韻》、故宮舊藏裴務齊正字本《刊謬補缺切韻》皆作「無二目」，當據正。[2] 蓋「二」字與省代號形近，傳抄者誤以為省代號而回改作本字，遂不可通矣。王國維錄本、姜亮夫《瀛涯敦煌韻輯》皆錄作「無睹目」，非是。又同

1　參看拙作《敦煌寫本重文號研究》，《文史》2010 年第 1 期。

2　「瞞」字《廣韻》釋作「無一睛」，《集韻》《玉篇・目部》釋作「無一目」，「二」「一」未知孰是。

卷合韻古遝反：「鉿，ℰ尺鋌。」注文《王二》、《裴韻》、《蔣藏》略同，首字皆作省代號，《廣韻》則作「二」字，「二」字是，底卷及諸本之省代號亦為「二」字形訛³，可以比勘。

二

省代號可能是從重文號演變而來的。較早時可能是注文第一字與正文末字相同時用重文號。如 S.10 號《毛詩傳箋·終風》：「寤言不寐願言則懷＝傷也。箋云：懷，安也。」同卷《墼丘》小序：「墼丘，責衛伯也。狄人迫逐黎侯，黎侯寓於衛，衛不能修方伯連率之職也，黎之臣子以責於衛＝康叔之封爵稱侯……」注文第一字「＝」就分別是正文末字「懷」「衛」的重文省書符號。前例注文第一字與正文末字相同用省書符號，而注中不與正文末字連屬的「懷」字則不用省書符號，這是因為與注文相對的正文本身是若干個字，注中非首字用省書符號會造成理解上的歧異。然而韻書、字書、音義書的字頭通常只有一個字，這就從客觀上為由重文號發展為省代號創造了條件。

字頭為單音節的詞，注文中文字無論是首字還是其後的字，與字頭相同時使用省書符號時所指都是明確的，但如果字頭為兩個或兩個以上的多音節詞或片語時，注文非首字使用省代號一般要用「上」「中」「下」一類的術語加以限定，如 S.6691 號《大佛頂經音義》第二卷：「負珥，上音婦，＝，挽；下音耳去聲呼之，耳飾也。」又第三卷：「排擯，上推排之排，下音鬢，＝棄也。」前一例「＝」為「上」字「負」的省代號，後一例「＝」為「下」字「擯」的省代號。又北 231（重 31）背《難字音義》：「矷硝，上音樸，＝硝藥；下思焦反，砝＝藥也。」注文中的「＝」分別省代詞目「上」字「矷」和「下」字「硝」。又北 8722

3　葉鍵得《十韻彙編研究·切三校勘記》已指出，臺北：學生書局，1988 年。

號（李 39）《藏經音義隨函錄》所載《大莊嚴論》第十一卷音義：「鞞勒，上兵媚反，馬=也，正作轡。」又云：毬多，上求掬反，長者名也，尸利=多，或云掘多。」注文中的「=」分別為詞目「上」字「鞞」「毬」的省書符號，許國霖《敦煌雜錄》以為是注文「=」前一字的重文號而錄作「馬馬也」、「尸利利多」，大誤。如果不用「上」「中」「下」一類的術語加以限定，注文使用省代號所省代的通常是詞目下字。如上揭《大莊嚴論》第十一卷音義又云：「右眄，普莧反，顧=也，視也，美目，正作盼也。」又 P.3776 號《雜集時要用字．天部》：「騰雲，飛=。」又地部：「石磧，平=。」又丈夫立身部：「務學，勤=。」「強壯，力=。」又郡邑部：「曲敵，城=。」「坊巷，=，曲=。」「=」所省代的就分別是詞目下字「眄」、「雲」、「磧」、「學」、「壯」、「敵」、「巷」。末例注文「=，曲=」《敦煌類書》錄作「坊，曲巷」，不確。許國霖《敦煌雜錄》把「右眄」條注文的「顧=」錄作「顧顧」，則更是大誤。

敦煌辭書中有誤贅省代號的現象。如 P.2014 號《大唐刊謬補闕切韻．虞韻》羽俱反：「于，=於；往；人姓。」又況於反：「訏，=大。」「吁，=歎。」「忓，憂=。」「疛，病=。」「姁，美=。」而《廣韻．虞韻》相應切音下作：「于，曰也，於也。」「訏，大也。」「吁，嘆也。」「忓，憂也。」「疛，病也。」「姁，姁媮，美態。」據此，我們有理由認為上揭寫卷的省代符可能都是誤加的，應當刪去。之所以會出現這種現象，這是因為有些漢字通常以聯綿字的面貌出現，而一般不單用，訓釋時需要以雙釋單，字頭作為聯綿字的一部分在注文中重出（如《廣韻．東韻》徒紅切「峒」下注「崆峒」之類）；另外古代辭書中還有連讀成訓的通例，這時字頭作為訓釋語的一部分也需要重出（如故宮本《刊謬補缺切韻．唐韻》魯當反「狼」下注「狼虎」之類）。由於

　　受這兩類訓釋定勢思維的影響，有些本不需要在注文中重出的字頭有時也會被重出，而當這些重出的字頭用省代符表示時，誤贅省代符的情況就發生了。

　　S.6117號《時要字樣》的情形更加特殊，該卷在每個字頭下都先標列省書符號，如云：「解，＝除。廯，＝公。懈，＝墮。」又：「妹，＝姊。瑂，＝玭。昧，＝暗。」又：「悔，＝懺。誨，＝教。胏（晦），＝月。」但從所列詞語的習慣用法來看，有的詞語似應倒過來說，如通常說「公廯」而不說「廯公」（《玉篇‧廣部》：「廯，公廯也。」），說「姊妹」而不說「妹姊」，說「玭瑂」而不說「瑂玭」，說「暗昧」而不說「昧暗」，說「懺悔」而不說「悔懺」，說「教誨」而不說「誨教」，等等。很可能是該卷的抄寫者按照注文中首字與字頭相同用省書符號的一般做法，依樣畫葫蘆，在每個字頭下都先加上一個省書符號，卻沒有考慮到有些詞語是只能作BA式而不能作AB式的。

　　三

　　注文中字與正文同可用省略符號，而注文中出現重文時同樣也可用省略符號，如P.3776號《雜集時要用字‧天部》：「霏雪，＝霏＝然。」前一「＝」為詞目「雪」的省代號，後一「＝」則為注文前一「霏」字的重文號。同部：「雲，《詩》云：上天同雲，兩雪粉＝。」此「＝」為注文前一「粉」字的重文號。又云：「斷雲，＝斷。騰雲，飛＝。」此二「＝」皆為詞目「雲」的省代號。又如S.6691號《大佛頂經音義》第七卷：「重為，上＝聲，下去聲。」又第八卷：「熾裂，上尺志反；下音列，亦合作此烈，＝，火盛也。」其中的「＝」應分別為注文前一「上」字和「烈」字的重文號。

　　但由於敦煌寫本中省代號和重文號在外形上並沒有區別，於是在具體的語境中究竟是詞目省代還是重文省略有時就不大容易判斷了。

仍以 S.6691 號《大佛頂經音義》為例，第二卷：「哀憨，音敏，合作憨，＝，憐也。」第六卷：「長挹，下伊入反，或作揖，＝讓也。」第七卷：「炎，＝或作燄，＝火。兩音通。」第八卷下：「耕磨，音摩，＝，按摩。」其中的「＝」（「炎」字條限後一「＝」）究竟是詞目省代還是重文省略就頗費躊躇，《敦煌經部文獻合集》一、三例定作注文「憨」「燄」的重文號，二、四例定作詞目「挹」「磨」的省代號，就是這種猶豫心態的反映。其實未必二者皆是，恐怕只有一種答案才合乎作者的本意。

又如 P.2014 號《大唐刊謬補闕切韻》平聲肴韻格肴反：「蛟，龍＝，似蛇，有四腳，小頭細頸，＝有白嬰，大者數圍，皆卵生，能吞人，池魚滿二千六百年，蛟來為之長也。」注文「＝」先後二見，原卷皆作「ι」形，《敦煌經部文獻合集》初稿皆錄作「蛟」。考上揭注文源自《山海經·中山經》「觬水⋯⋯東南流注於漢，其中多蛟」郭璞注：「似蛇而四腳，小頭細頸，有白癭，大者十數圍，卵如一二石甕，能吞人」，其中的「小頭細頸，有白癭」《唐開元占經》卷一二〇、《藝文類聚》卷九六、《太平御覽》卷九三〇引皆作「小頭細頸，頸有白嬰（癭）」。據此，「＝有白嬰」當校錄作「頸有白嬰（癭）」，「＝」為前「頸」的重文號；而上文「龍」後的「＝」則確應為字頭「蛟」的省代號。同卷同一大韻又云：「包，步交反，＝裹；又本象人懷妊，巳在中，象子未成，元氣起子，男左行卅，女右行廿，俱立巳，為夫婦，妊於巳，＝為子也，從勹、巳；亦角姓。」注文中的「＝」亦應分別為字頭「包」的省代號和「妊於巳」的「巳」的重文號（朱駿聲《説文通訓定聲·頤部》：「〔子〕未生在腹為巳。」），二者符號相同，功用卻不一樣可與上例互勘。

再看下面的例子：北 8722（李 39）號《藏經音義隨函錄》所載《佛

說義足經》上卷音義：「葴辭，上卑吉反，經意是必，▾審也，誠也，實也；又音佛，佛，理也；並正作矞也。應和尚以勇字替之，余腫反，非也。又《玉篇》音揣，王勿反，非也。經意不是勇字，今定作必字。」注文「經意是必」後的省書符號及下文後一「佛」字《高麗藏》本《藏經音義隨函錄》第拾三冊皆作「丶」形省書符。根據《高麗藏》本《藏經音義隨函錄》的通例，字頭在注文中重出時多用短豎形省書符，注文重文則用「丶」形省書符。上例「經意是必」後的省書符確可能是「必」字重文省書，但「又音佛」後的「丶」卻未必是「佛」字省書，而應是詞目「葴」字的省書，這個音佛的「葴」蓋借用作「㷀」。《廣韻・物韻》符弗切（與「佛」字同一小韻）：「㷀，理也。」音義皆合。而「佛」字古書並無釋「理」者，其義不合。底卷重文作「佛」者，蓋其所據底本本作省書符號，乃詞目省書，傳抄者不達其例，誤以為「佛」字的重文號，加以回改，遂致其義不可通矣。

正是因為省代號和重文號外形相同，容易造成判別的困難，故後來《高麗藏》本《藏經音義隨函錄》詞目省代號往往改用短豎形，注文重文省書則仍用「丶」形符號來表示，有意識地加以區別；但省代號仍有未加更改或改而未盡的，上揭「又音佛」後的「丶」大概就屬於改而未盡之例。

四

《敦煌遺書總目索引・斯坦因劫經錄》5731 號《時要字樣》卷下說明：「存第三第四，體例特別，如舊字右下角注一新字，舅字右下角注一姑字，帳字右下角注以幄字，朕字右下角注一胖（泉按：「胖」當據原卷作「胖」）字。」（227 頁）這種「特別」的體例，張金泉教授認為

是被注字和注字連讀為訓之法[4]。如「舊」下注「新」，是指「舊」為新舊之「舊」；「舅」下注「姑」，是指「舅」為姑舅（亦稱「舅姑」）之「舅」；「帳」下注「幄」，是指「帳」為幄帳之「帳」；「脹」下注「胖」是指「脹」為胖脹之「脹」。而不是說「舊」有「新」義「舅」有「姑」義，等等。又如 S. 6208 號《時要字樣》：「義，文；議，論；誼，賈。」又：「冀，州；概，稠；記，書；溉，灌。」「謂，此之；渭，水；蜴，刺；緯，經。」「瘦，肥；漱，口。」這是指「義」為文義之「義」，「誼」為漢代賈誼之「誼」，「記」為書記之「記」，「謂」為此之謂之「謂」，「蜴」為刺蜴之「蜴」，「瘦」為肥瘦之「瘦」，等等，餘皆仿此。

　　這種「特別」的體例，並非僅見於《時要字樣》，而在其他一些敦煌字書、韻書、音義書中也經常可以見到。如 S.388 號《正名要錄》「本音雖同，字義個別例」：「藜，藋；藜，蘆。」又：「沽，洗；酤，酒；姑，且。」「希，望；稀，概。」「幨，帷；襜，褕，蔽膝。」又如 P.2011 號王仁昫《刊謬補缺切韻》寒韻古寒反：「肝，心，金藏。」S.2071 號《切韻箋注》麌韻方主反：「俯，仰。」又同一大韻無主反：「舞，歌。」又同書質韻民必反：「蜜，蜂。」又如 S.6691 號《大佛頂經音義》第五卷：「滴，水。都曆反。」這些被注字和注字大抵也應連讀成訓，而非直接的意義闡述。如「沽」是「沽洗」之「沽」，「沽洗」為古鐘名；「稀」是稀概之「稀」，稀與概為反義詞（《說文‧禾部》：「概，稠也。……稀，疏也。」段注：「稀與概為反對之辭。」）；「俯」是俯仰之「俯」，俯與仰是反義對舉；「滴」字注「水」，並非指「滴」即「水」，而是指「滴」為水滴之「滴」，P.3429＋3651 號《大佛頂經音義》注文正作「水滴也」。

4　《論〈時要字樣〉》，《浙江社會科學》1993 年第 4 期。

　　這種被注字和注字連讀成訓的體例，可能是由古代訓詁連讀成訓的方法省變而來的。我們知道，古代辭書或音義書在訓釋詞語時，有時字頭作為訓釋語的一部分需要在注中重出。如 P.2011 號王仁昫《刊謬補缺切韻》虞韻附夫反：「夫，若夫，語端。」同書真韻以豉反：「易，難易。」又故宮本王仁昫《刊謬補缺切韻‧唐韻》魯當反：「狼，狼虎。」這是指「夫」為「若夫」之「夫」，「易」為「難易」之「易」，「狼」為「狼虎」之「狼」，字頭在注中重出，與另一個或若干個字一起組成一個人們熟悉的雙音詞或多音詞，藉以達到解字釋義的目的。由於這個雙音詞或多音詞的另一部分也許與字頭的意義不一樣甚至是完全相反的（如「難易」之「難」），所以注文中重出的字頭通常是不能省略的，但卻可用省代號來代替，於是便出現了以下省略式：S.2071 號《箋注本切韻‧虞韻》：「夫，若＝。」同書唐韻：「狼，＝虎。」故宮舊藏裴務齊正字本《刊謬補缺切韻‧真韻》：「易，難＝」。而古書中有些省代號其實是不必要的（比如注文中與字頭組成雙音詞的另一半是同義詞時，字頭就可省略；另外如前舉古代辭書中有誤贅省代號的現象），受此影響，當「難＝（難易）」「＝虎（狼虎）」「若＝（若夫）」省代號被略去的時候，被注字和注字必須連讀成訓的情況就發生了。如上舉「幨，帷；襜，襘，蔽膝」條，可能就是由「幨，幨帷；襜，襜襘，蔽膝」→「幨，＝帷；襜，＝襘，蔽膝」的形式省略而然。《廣韻‧鹽韻》處占切：「幨，幨帷。《釋名》曰：床前帷曰幨。襜，襜襘，蔽膝。」S.2071 號《箋注本切韻‧鹽韻》「幨，帷。襜，＝襘，蔽膝。」可證。又如「藜，藋；藜，蘆」條，也應是由「藜，藜藋；藜，藜蘆」→「藜，＝藋；藜，＝蘆」的形式省略而來的。《廣韻‧齊韻》郎奚切：「藜，藜藋。……藜，藜蘆。」可證。又如上舉 P.2011 號王仁昫《刊謬補缺切韻》「肝」注「心」，而 S.2071 號《切韻箋注》同一小韻注「＝

心」，「心」顯即「＝心」之略；S.2071 號《切韻箋注》「俯」注「仰」，
而故宮舊藏裴務齊正字本《刊謬補缺切韻》注「＝仰」，「仰」顯即「＝
仰」之略；「蜜」注「蜂」，而故宮舊藏裴務齊正字本《刊謬補缺切韻》
注「蜂＝」，「蜂」顯即「蜂＝」之略。又如 S.5731 號《時要字樣》卷下：
齃，髗；瀆，溝；斛，斗；詤，詆；鵁，鷲；籭，箱；蝠，蝙；茯，
苓；妯，娌。而 S.2071 號《箋注本切韻》入聲屋韻相關切音下則作：
齃，＝髗；瀆，溝＝；斛，＝斗；詤，詆＝；鵁，＝鷲；籭，箱＝；蝠，
蝙＝；茯，＝苓；妯，＝娌。顯而易見，前一種表示法應是後一種表示
法簡省的結果。

　　試再比較以下幾組詞：

　1 .S.6208 號《時要字樣》：「迴，行；繢，畫；闤，鬧（闠）。」

　　　S.6117 號作：「迴，＝行；繢，＝畫；闤，＝闠。」

　2 .S.6208 號《時要字樣》：「軰，我；咳，唾；欬，〔嗽〕；鎧，冑。」

　　　S.6117 號作：「軰，＝我；咳，＝唾；欬，＝嗽；鎧＝冑。」

　3 .S.6208 號《時要字樣》：「〔震〕，雷；振，動；賑，濟。」

　　　S.6117 號作：「震，＝雷；振，＝動；賑，＝濟。」

　　比較這幾組詞，前後兩種類型的繁簡關係恐怕也是一目了然的。
所以我們似乎可以說，被注字和注字連讀成訓，實際上就是注文中省
略了省代號。我們今天在理解時，就應該把那個實際上被省略了的符
號加以還原，這樣才不至於被其表像所迷惑。事實上，由於被注字注
字連讀成訓的體例後世的刻本書籍中罕見，因而很容易造成理解上的
歧異。如《集韻・末韻》莫葛切：「胅，肚也。」《漢語大字典》據以
釋「胅」為「肚子」。然這一意義的「胅」前無所本，可疑。頗疑注文
「肚也」應與字頭「胅」連讀成訓，讀作「胅肚也」。P.3391 號《雜集
時用要字》「衣物」類有「胅肚」，前一字左部作月旁，右下部作「小」

形，右上部殘泐，據殘形，似即「肰」字。而所謂「肰肚」當即《廣韻》同一讀音的「襪肚」。《廣韻・末韻》莫撥切（與「肰」字同音）：「襪，襪肚。」「襪肚」相當於今之肚兜，其字又作「肰」者，涉「肚」字類化換旁也。辭書編者不知「肰」為「襪」的類化換旁字，又不知古有被注字注字連讀成訓之例，遂徑釋「肰」為「肚子」，甚矣其謬也。

　　又如《玉篇・鹵部》：「壥，音魯，沙也。」《字彙・鹵部》：「壥，郎古切，音魯，沙也。○與土部塿字義不同。」《正字通・鹵部》「壥」字下云：「滷、塿、壥，並俗鹵字，舊注『沙也，與土部塿字義不同』，分鹵、塿為二，誤。」《漢語大字典》據《玉篇》釋「壥」為「沙」，又據《正字通》釋「壥」同「鹵」。其實《玉篇》釋「沙也」的「壥」亦即「鹵」的俗字，原書是被注字注字連讀成訓，意謂「壥」為沙鹵之「壥」，而非謂「壥」即沙義。P.2172 號《大般涅槃經音》卷三三出「壥」字，直音「路」。S.2033 號《大般涅槃經》卷三三：「如三種田，一者渠流便易，無諸沙壥，瓦石、棘刺，種一得百；二者雖無沙壥、瓦石、棘刺，渠流難險，收實減半；三者渠流險難，多諸沙壥、瓦石、棘刺，種一得一。」其中的「壥」字北 6490 號（秋 27）、北 6493 號（重 32）、P.2117 號經本略同，北 6492 號（藏 23）經本作「鹵」。又 S.49 號《大般涅槃經》卷二：「良田平正，無諸沙壥，惡草、株杌。」其中的「壥」字北 6292 號（餘 50）經本作「鹵」。又北 6470 號（雲 100）《大般涅槃經》卷二九：「唯患路險，多有盜賊、沙壥，棘刺，乏於水草。」其中的「壥」字《中華大藏經》影印金藏廣勝寺本同，S.2135 號、北 6471 號（城 49）經本作「鹵」。凡此皆「壥」「鹵」異文同字，「壥」即「鹵」也。《集韻・姥韻》以「滷」「塿」為「鹵」字或體，《正字通》又以「壥」為俗「鹵」字，皆是也。「壥」「塿」顯為一字之變。

　　相反，假如我們掌握古書被注字注字連讀成訓的通例，就有可能解決古代辭書校釋中的一些疑難問題。如以下二例：

　　S.388 號《正名要錄》「本音雖同，字義個別例」：「剎，和；督，審；察，監。」考古書未見「剎」釋「和」者或「剎」「和」連用者，疑注文「和」為「利」字之訛，原文「剎」釋「利」當係被注字注字連讀成訓，乃指「剎」為利利之「剎」。「剎利」即剎帝利之略，梵語音譯，為印度第二族姓。

　　同上寫卷同一類又云：「禺，番；隅，陬；嵎，屍。」按《廣韻·虞韻》：「禺，番禺縣。」《初學記》卷八引《南越志》：「番禺縣有番、禺二山，因以為名。」「禺」下注「番」，指「禺」為番禺之「禺」應無疑問。但「嵎」下注「屍」，蔡忠霖《敦煌字樣書〈正名要錄〉研究》（臺灣「中國文化大學」中國文學研究所碩士論文）把「屍」字錄作「尼」，從字形上是正確的，「尼」字俗書多作此形，但「嵎」字既無「尼」訓，古書亦未見稱「嵎尼」或「尼嵎」的，故或疑「屍」為「丘」之誤（《敦煌音義匯考》830 頁）。其實「嵎」下的腳註字「屍」乃「巨」，字俗訛，「巨」同「夷」。原書「嵎」下注「巨」，乃指「嵎」為「嵎巨」之「嵎」。「嵎巨（夷）」為古地名，相傳為日出之所。《書·堯典》：「分命羲仲，宅嵎夷，曰暘谷。」孔傳：「東表之地稱嵎夷。」了解古書被注字注字連讀成訓的通例，才為我們破解「嵎，巨」這樣的難題創造了條件。

參考文獻

曾榮汾《敦煌寫卷書寫符號用例試析》，《木鐸》第 8 期，1979 年 12 月。

李正宇《敦煌遺書中的標點符號》，《文史知識》1988 年第 8 期。

林聰明《敦煌文書學》，臺北：新文豐出版公司，1991 年。

鄧文寬《敦煌吐魯番文獻重文符號釋讀舉隅》，《文獻》1994 年第 1 期。

蔣宗福《敦煌禪宗文獻研究》，四川大學博士論文，2002 年。

張小豔《敦煌書儀語言研究》，北京：商務印書館，2007 年。

（原載《敦煌研究》2011 年第 1 期）

參

敦煌文獻習見詞句省書例釋

　　敦煌寫卷中，抄手遇習見之詞句，有僅寫起始一字或數字，而其下一字或若干字則用省書符號略去之例。其省書符號與重文號略同，多作「ヾ」「々」等形，但往往與上一字的末筆連書，故寫法略有變異。其習見省書之詞句，包括習詞、套語、重句、引語等。以下分別舉例說明（省書符號錄文中一般用「＝」號代替，必要時附載圖版）。

　　一、習詞省書[1]

　　敦煌寫卷於上下文常見之詞語，有僅寫前一字，而其後一字則用省書符號略去之例。例如：

　　P.2418 號《父母恩重經講經文》：「三千國土釋迦尊，憐念眾＝不可論。處ヾ提拔交出離，頭ヾ接引越迷津。」「處」後「頭」後的符號為重

1　曾榮汾《敦煌寫卷書寫符號用例試析》稱為「成詞省略例」，他說：「敦煌寫卷中若遇慣用詞彙，有唯寫詞頭上字，下字則以二點略之之例。」文載《木鐸》第 8 期，1979 年 12 月。下引曾說俱見於此文，不另一一出注說明。

文省書。「眾＝」寫卷本作「眾ㄑ」（圖1），曾榮汾謂即「眾生」之略（《敦煌變文集》已逕錄作「眾生」）。因為「眾生」是該篇的習詞（上文已見九次），抄手寫到這裡便只寫了個「眾」字，「生」字則用省略符號代替了。該卷省書符號多作「ㄑ」形，「眾」下的省書符則明顯受到「眾」字末筆的影響而連在了一起。

P.2133 號《金剛般若波羅蜜經講經文》：「言歡喜者有三清淨。言三清淨者：一、能說清淨，是佛也；二、所說清＝，是教也；三、聞經得果清＝，是眾也。」「清＝」下字原卷分別作「ㄑ」「丶」形（圖2），《敦煌變文集》校讀作「清淨」（446頁），是也。「清淨」為該篇習詞（引例上文已三見，前此另又一見），故抄手下文重出時省書之。

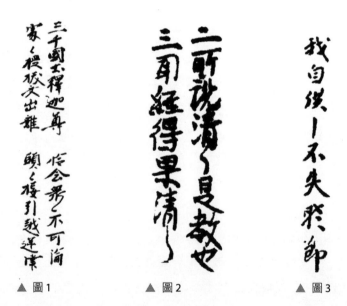

▲ 圖1　　　　▲ 圖2　　　　▲ 圖3

Φ.275 號《經律異相》卷十：「睒長跪白父母：本發大意欲入深山，求志空寂無上正真，豈以子故而絕本願。人在世間無常百變，命非金石對至無期。願如本意，宜及上時入山清淨。我自供一不失時節。」

（圖 3）「供—」應為「供養」省書，《大正藏》本正作「供養」。該卷上文有「子供養父母六七日中」句，已見「供養」一詞，故抄手下文重出時省書之。

有的詞語，雖然上下文未必出現過，但由於是書手平時習聞習用之詞語，下字同樣可以省書之。如 S.4451 號《上生禮》：「願滅三障清煩〱，願得知慧心明瞭。普願罪障並清除，世〱常行菩薩道。」後一「〱」顯然是「世」的重文號，但前一「〱」卻不應是「煩」字的重文號，而應是「惱」字的省書符號。「煩惱」是佛典中的習語。同篇上文有「慈氏聖者放白毫光，滅惱除煩三毒恚禍火」句，其中的「滅惱除煩」P.3840 號、S.5433 號寫本作「滅除煩惱」，可資參證。浙敦 99 號（浙博 74）《佛經注疏（問答）》：「凡夫煩、障，故生種、異見。」後一「、」應為「種」字的重文號，而前一「、」則亦應為「惱」字的省書符號，可以比勘。

這種省略辦法，對抄手本人來説自然是心知肚明，然而時過境遷，在一千多年以後的今天，讀者就有可能不知所云了。而且即使知道了這種省略辦法，在具體判斷究竟省略了什麼字時，有時也難免不出差錯。試看如下數例：

《敦煌變文集》卷四《難陀出家緣起》：「若論進止威儀，恰共如一（來）不別。」（400 頁）又云：「但得如一（來）與剃髮，身被法服好因緣。」（401 頁）《變文集》校「一」為「來」，從文意看顯然是可取的。但何以「來」會誤作「一」，卻端的令人費解。覆按寫本原卷 P.2324 號，所謂的「一」字與上一草書的「如」字相連分別作「」「」形（圖 4），原來就是「如來」二字的省書。「如來」大概是抄手慣用的詞語（該篇上文未見用例，下文尚有一見，徑書作「如來」不省），所以下字便用省略的辦法來表示。P.3808 號《長興四年中興殿應

聖節講經文》：「是知　妙行，國主能修。」其中的「　」《敦煌變文集》
錄作「如來」（418頁），是也。然前二例《變文集》把「來」字的省書
符號錄作「一」，又不加以說明，讀者便難免如墜五里霧中了。

　　又《敦煌變文集》卷五《長興四年中興殿應聖節講經文》：「以此
開讀大乘所生功功，謹奉上〔莊〕嚴尊號皇帝陛下。」（412頁，原文
斷句及文字多誤，此據原卷及項楚校改）徐震堮校：「『功功』疑當作
『功德』。」按：徐校是也。所謂「功功」原卷 P.3808 號本作「　」（圖
5 左），曾榮汾謂即「功德」二字的省書。同書下文：「妙展慈悲安國
界，巧將功力潤人間。」（416頁）所謂「功力」原卷作「　」形（圖5
中），曾榮汾謂也是「功德」省書，甚是。校者不察，一誤作「功功」，
再誤作「功力」，皆因昧於習詞省書之法。

　　同上篇：「當時法會佛為尊，解啟清涼解□門。」（415頁）按：「解
□」原卷作「　」（圖5右），「解」下的「々」形符號顯然也是省書的

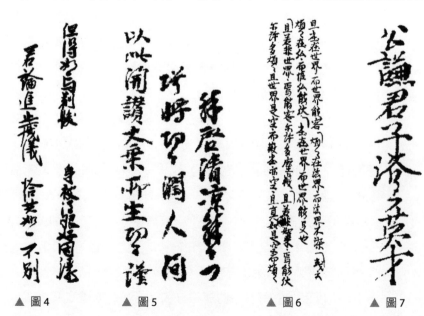

▲ 圖4　　　▲ 圖5　　　▲ 圖6　　　▲ 圖7

標記。但這是什麼字的省書呢？頗費斟酌。據文意看，省書的可能是
「脫」字。佛教謂脫離一切煩惱，進入自由無礙的境界為解脫，亦稱涅
槃。但上下文未見「解脫」一詞，所以究竟是不是「脫」字，那就很
難保證了。

　　又《敦煌變文集》卷五《金剛般若波羅蜜經講經文》：「且塵在世
界，而世界能容，煩煩（惱）在法界，而法界不染。」（438 頁）所謂
「煩煩」下字原卷 P.2133 號本作「ʔ」形（圖 6），實即「煩惱」省書。
「煩惱」為本篇習詞，上文已四見，故從此句開始該詞重出時其下字原
卷多省書之。《變文集》錄作「煩煩」，再校改作「煩惱」，實屬多事。
同篇下文「煩惱」一詞另八見，原卷皆作類似省書寫法，《變文集》逕
錄作「煩惱」，是也。

　　S.530 號背《齋儀摘抄》：「病癒意：公謙君子，〔洛〕英才，常懷三義
之心，每有斷金之美。」原卷如圖 7 所示。《英藏敦煌社會歷史文獻釋
錄》第三卷於「謙」後補一「謙」字，近是；又錄「〔洛〕」為「洛洛」，
校作「犖犖」（88 頁），則似未確。「洛」字《廣韻》入聲鐸韻音盧各切，
「犖」字覺韻音呂角切，二字同聲卻不同韻，古書中亦未見通用之例。
竊謂「〔洛〕」當作「洛下」。「洛下」指洛陽，晉潘岳《西征賦》有「終
童山東之英妙，賈生洛陽之才子」之句，後泛稱洛陽有才華的人為「洛
陽才子」，「洛下英才」猶言「洛陽才子」。S.619 號《讀史編年詩》卷
上：「氣如雕鶚迅莫群，此日洛下初氛氳。」S.692 號《秦婦吟》：「自
從洛下屯師旅，日夜巡兵人村塢。」均用「洛下」一詞。[2]

2　校按：「〔洛〕」也有可能確應錄作「洛洛」，但「洛洛」不應校作「犖犖」，而應讀作「落
　　落」，「洛洛」「落落」古通用。伯 2653 號《韓朋賦》：「三鳥並飛，兩鳥相摶（搏），
　　一鳥頭破齒落，毛下紛紛，血流洛洛。」其中的「洛洛」斯 2922 號「落落」，是其
　　例。「落落」喻俊偉大氣。唐楊炯《和劉長史答十九兄》：「風標自落落，文質且彬彬。」
　　《全唐詩》卷五十，北京：中華書局，1980 年，第 617 頁。

二、套語省書

與習語省書的情況相類似，敦煌寫本中又有套語省略的通例。如變文、講經文中韻文的一段唱詞結束，要轉入另一方面的內容時，唱詞的末幾字往往是「唱將來」、「唱將羅」、「好為唱將羅」等，這些套語，相互之間並沒有多大的區別（末字用「來」還是用「羅」主要根據上下文的韻腳決定），所以傳抄者有時也採用了省略的辦法。究其省略之法，則大要有三：

1.直接省去這些套語，而不加任何標誌。如《敦煌變文集》卷五《維摩詰經講經文》：「大覺世尊（『尊』原錄誤作『界』，此據原卷正）才説法，更有阿誰後到也」（553頁）。「後到也」下語意未完，王慶菽於「也」字後補上「唱將來」三字，極是。「來」與上文「排」、「才」（《敦煌變文集》誤作「中」）、「開」等字押韻。又前文云：「當日世尊欲説法，因更有甚人也唱將來。」（542頁，此例「將來」二字原卷作「了」字形省略標記參下）後文云：「總到庵園齊禮佛，作何禮教也唱將來。」（560頁）文例並同，足資校正。

2.省去這些套語的末一、二字，而不加任何標誌。如同篇：「當日一時齊赴會，在何處聽説也唱將」（533頁），原校於句末補一「來」字，極是。「來」與上文「哉」「雷」「排」等字押韻。

3.省去這些套語的全部或一部，而以省略符號表明之。如同篇：「當日世尊欲説法，因更有甚人來也唱將來。」（542頁）「將來」二字原卷S.4571號本作一拉長的「了」字形省略標記，表示有所省略。根據韻腳和該篇文例，《敦煌變文集》徑補「將來」二字，是正確的（「來」字和上文「催」「回」「垓」「開」等字押韻；又上下文屢見「次弟唱將來」「便請唱將來」「作何禮教也唱將來」等以「唱將來」作套語殿後的唱段）。

這種套語省略的習慣，只要我們了解它的一般規律，再結合上下文進行考察，應該說是不難掌握的。但如果校錄者對這種省略事先並不了解，那同樣容易造成失誤。下面我們就舉《敦煌變文集》卷五《金剛般若波羅蜜經講經文》為例，試作說明：

《敦煌變文集》卷五《金剛般若波羅蜜經講經文》：「指示恒河沙數問（「問」字原書誤作「了」，茲從原卷正），經中便請唱唱羅。」（426頁）又云：「施惠萬般求福德，三千七寶唱唱羅。」（428頁）又：「諸相未知何似許，文中應有唱唱羅。」（429頁）又：「聽取經中沒語道，分明好為唱唱〔羅〕。」（431頁）又：「六段文中第四段，都公案上〔唱唱羅〕。」（434頁）又：「偈頌適來言已了，長行好為唱ㄅ〔唱羅〕。」（435頁）又：「各請斂心合掌手，衣（依）前好〔唱唱羅〕。」（439頁）這一篇中「唱唱羅」如上所列凡七見，可謂是累著於篇。然而其義云何？考之其他變文，俱未見「唱唱羅」之語，是其可疑者。檢核寫本原卷 P.2133 號，上述七例如圖 8-1 所示，依次作：「經中便請唱ﾞ羅」、「三千七寶唱ㄟ羅」、「文中應有唱ﾞ」、「分明好為ﾞ」、「都公案上」、「長行好為唱」、「衣（依）前好」，無一例是直接作「唱唱羅」的。其中的「ㄟ」或「了」形符號，顯然是省略標記。但省略的是什麼字？我們認為前六例句末應分別補足作「唱將羅」或「唱將來」，後一例應補足作「依前好為唱將羅（或「來」）」。同卷有云「三心難弁（辨）唱將羅」、「修何善法唱將羅」、「如來義理唱將羅」、「清令雅調唱將羅」、「且當第一唱將羅」、「誰人領解唱將羅」，又有云「三千七寶唱將來」、「又分兩段唱將來」、「不教貪處唱將來」、「斷除法相唱將來」、「如如不動唱將來」、「再三相勸唱將來」，又有云「分明好為唱將羅」（俱寫本原卷如此，不省略），足證「唱將來」、「唱將羅」、「好為唱將羅」為本篇常見套語（「唱將羅」與「唱將來」義同，「羅」同「囉」，為

句末助詞，《廣韻・歌韻》：「囉，歌詞。」《集韻・戈韻》：「囉，歌助聲。」），所以抄手寫到這類套語，有時便用省略的辦法，或省「將」字，或省「來」字、「羅」字（參見下文），或省「將來」、「將羅」，逕或全部省去，而以省略符號表示之。抄手意本明顯，而校者不察，先誤「唱ぅ羅」「唱ぇ羅」中的省略標記為重文號，繼又據此誤錄之「唱唱羅」，校錄下文其他省略符號，以致一誤再誤，其失也甚矣。

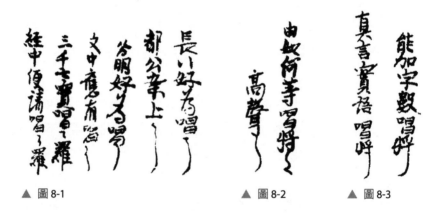

▲ 圖 8-1　　　　　　　　　　　　　　　▲ 圖 8-2　　　▲ 圖 8-3

　　同篇：「大眾斂心合掌著，高聲ㄅ〔為唱將羅羅〕。」（434 頁）又云：「法報二身人不會，由如何等唱將將。」（438 頁）按：「高聲為唱將羅羅」、「由（猶）如何等唱將將」文句欠安，「將羅羅」「唱將將」尤不成語（其他變文中未見類似的話）。核檢寫本原卷 P.2133 號，前例「高聲」下作「ぅ」形，後例「由如何等唱將」下作「ぇ（」（圖 8-2），「ぅ」與「ぇ」應皆為省書標記，根據該篇文例，前例所省的字應為「好為唱將羅」（「羅」與上聯「何」字押韻），後例應為「羅」字（「羅」與上聯「他」字押韻）。校者不諳抄手套語省書之法臆為校補，其不合也必矣。

　　同篇：「假設虛施皆不用，真言實語唱將〔來〕。」又云：「各請斂

心合掌著，能加字數唱將〔來〕。」（430頁）該二例句末的「將」字原
卷 P.2133 號末筆往下拖曳（圖 8-3），實即指「將」字下有省略。至於
所省略的字，前例《變文集》補「來」字是對的，「來」為韻腳字，與
上文「台」「開」押韻。後例上文是散文，不存在押韻的問題，根據該
篇文例補「來」或「羅」字皆可；《變文集》補一「來」字，既未必是，
亦未必非，仍當以存疑為是。

　　除了唱詞中的套語省書而外，敦煌寫本中還有一種套語留空待補
的情況，如 P.2305 號《解座文匯抄》：「聞身強健早修行，不如自──」
（圖 9 左）又云：「日晚念仏歸捨去，莫交老──」（圖 9 右）「自」後
「老」後顯然有所省略，但上下文並沒有類似的句型可供比勘，所省去
的內容大約是可以根據聽眾對象本身的不同臨時增補的，如「老」可
以是老婆、老公，也可以是老父、老母，讀者以意逆之可也。

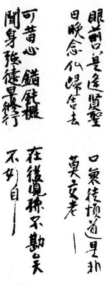

▲ 圖9

三、重句省書[3]

佛教偈頌、歌辭及變文等講唱文學作品的唱詞，往往一大段中每隔幾句會出現一句重複出現的句子，就同一主題的內容反覆講唱，藉以增加節奏感和感染力。如 P.2292 號《維摩詰經講經文》：「長行布施莫希亡（望），無住心中誰短長，一切與人安樂著，此個名為真道場。」接著一大段唱詞，每隔三句便重複出現「此個名為真道場」一句，反覆宣唱，重複達十二次之多。對這種重複出現的句子，敦煌寫本的抄手往往也用省書的辦法，只寫句首幾字以為提示，其餘部分則用省略符號（常見為拉長的「了」字形、點號、豎線）或「云—」字樣、或空出位置不書予以省略。如 S.4571 號《維摩詰經講經文》：「信心若解修持得，必定行藏沒疏失。惡事長時與破除，善緣未省教沉屈。尋常舉動見聞深，凡所施為功行密。是故經中廣讚揚，万般一切由心識。」接著的一段唱詞，每隔七句便重複出現「万般一切由心識」一句（凡六句）。從第三個重句始，原卷只寫「万般一切」四字，「由心識」三

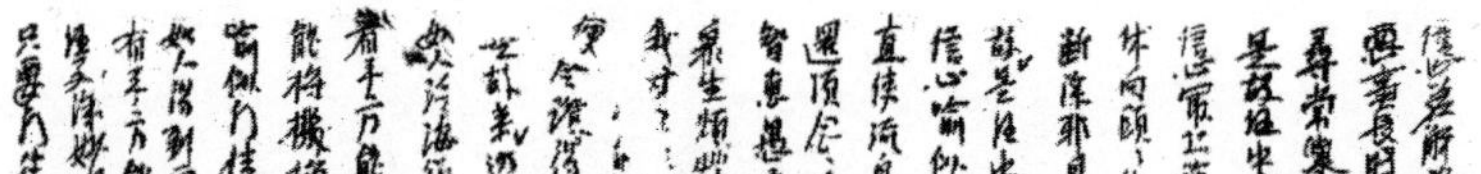

▲ 圖 10

3　曾榮汾《敦煌寫卷書寫符號用例試析》稱為「句有重複之例」，他説「此為寫卷書寫符號之一大特色，上下句文有重複之處多略而不言。」

字便用點形符號省略了（圖10）。

又如 Φ.252 號《維摩詰經講經文》：「善德當聞差選字，告訴牟尼稱不易。居士他緣大辯人，我今難作如來使。」接著每隔三句，重複出現了六個以「如來使」結尾的句子，從第三個「如來使」開始，原卷就分別寫作「言乖有辱云一」、「無光恐辱云一」、「爭堪去作云一」，至第六、第七句，就索性只寫「我今非是」、「我今恐辱」前四字，把「如來使」三字徑行省去了（圖11）。

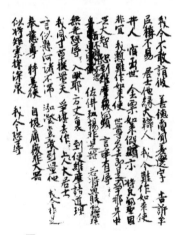　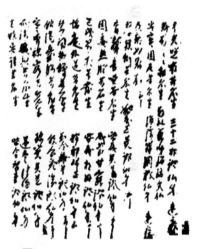

▲ 圖11　　　　　▲ 圖12

又北 8719 號背（水 8）《藥師道場》：「千光照耀苦眾生，三十二相證佛身。速疾成就如斯願，斯願救眾生。敬禮藥師琉璃光佛。出▨困厄苦眾生，淨除罥網證佛身。速疾成就如斯願云一。邪心顛倒苦眾生，皆成正覺證佛身云一。……」凡十二願。如圖 12 所示。最後說：「一行一願正其道，弟子常將不退心，十二行願救眾生，一一遙登無畏岸。」其中第三願至第九願都只有前二句末書「云一」。第十至第十二願也只有前二句，但連「云一」也略去了。第二願末「云一」代表的

應是「斯願救眾生。敬禮藥師琉璃光佛」第三願至第九願末「云─」
代表的應是「速疾成就如斯願，斯願救眾生。敬禮藥師琉璃光佛」。第
十至第十二願末雖無省略標記，但同樣也應省略了「速疾成就如斯願，
斯願救眾生。敬禮藥師琉璃光佛」。[4]

又及 Дх.883 號《往生極樂讚》：

同會相將向極樂，同會相將向極樂。前會一人聞唸佛，後會即便
發心求。求得真言極妙法，心心常願往西方。

同會相將向極樂，同會相將向極樂。前會來登說法處，後會各發
菩提心。心中唸佛恆無退，命終定得坐蓮宮。

^{準上}前後（會）來學唸佛讚，後會便唱妙音言。言中真說西方樂，努
力決定莫生擬（疑）。

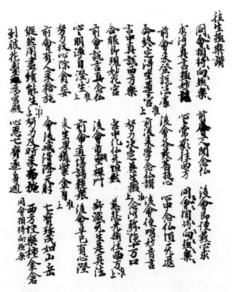

▲ 圖 13

4　參看李小榮《敦煌密教文獻論稿》，北京：人民文學出版社，2003 年，第 193-196 頁。

……

　　原卷如圖 13 所示。凡八首。其中前二首六句，首句「同會相將向極樂」句重出（後句皆用重文符號）；後六首則僅四句，無首二句，但都有「准上」二字，即指每首之首當仿前二首於句首重出「同會相將向極樂」二句。

　　這種重句省略的情況，在敦煌寫本中並不少見，照理說也不難掌握，然校者失察，也有因之致誤的。如：

　　《敦煌變文集》卷五《父母恩重經講經文》：「思量我等生身母，終日憂憐男與女，為兒子拋出外邊，阿娘悲泣無情緒。或仕宦，居職務，離別耶娘經歲數；見四時八節未歸來，阿娘悲泣。或經營，去（求）利去，或住他鄉或道路；兒子雖然向外安，阿娘悲泣。或在都，差鎮戍，三載防邊受辛苦；信息希疏道路遙，阿娘悲泣。」（689-690頁）原卷如圖 14 所示。講唱文學作品中的唱詞，較多的是七言、六言和三三七七七（即兩個三言下接三個七言）的句式，而像上面這種三三七七四的句式，為他處所未見。任半塘因而把它當作一種特殊的歌辭體裁，收入《敦煌歌辭總編》卷四，並說：「變文吟辭多用『三三七七七』格調，若改末七字句為四字，不葉韻，有類和聲辭，則此三首所僅見，成長短句體，非認為變文中另一插曲不可矣。」但因為「阿娘悲泣」的「泣」字為韻腳字，與上下文不葉韻，所以任氏又云：「三首『泣』字通可作『注』字，乃葉韻，格調更美滿。」（見《敦煌歌辭總編》卷四第七一一至七一三首校注）其實，任氏是上了《變文集》的當。「阿娘悲泣無情緒」正是上述那種重複出現的唱詞，抄手在「阿娘悲泣無情緒」一句重複出現時，只寫「阿娘悲泣」四字以為提示，其餘三

字便空出位置省略不書了。[5]《變文集》校者不加照察，只錄「阿娘悲泣」四字，末用句號絕句，則韻意俱失。任氏不知其誤，反稱其為一種特殊的歌辭體裁；韻既不叶，復又臆加改訂，承訛襲謬，變本而又加厲了。

▲ 圖14

四、引語省書

古代的熟語、諺語、名言、常見的典故之類人所共知，故抄手引用時亦有省書之者。例如：

《敦煌變文集》卷五《父母恩重經講經文》：「論語云：耕也，餒在其中矣。學也云—。曲禮云：君子如欲化民成俗，其必由乎矣（「乎矣」徐震堮校作「學乎」）。又書云：玉不琢云—。」（685頁）按：「學也」後省略了「祿在其中矣」五字，「玉不琢」後省略了「不成器；人不學，不知道」九字。蓋因此等引語人所熟知，故抄手為省時計，予

5　曾榮汾《敦煌寫卷書寫符號用例試析》最早指出「阿娘悲泣」皆為「阿娘悲泣無情緒」之省。

以省略。倘為適應一般讀者需要，則省略部分應予補足。

又同篇「且如侍奉父母，憐念弟兄，見必喜歡，逢之賞嘆。二時問訊，晝夜恭承，扇枕溫床，須知時節。此即是真孝子若是必（心）生不孝，抛棄父娘，在外經年，無心歸舍。此即非是孝子也更有父母約束，都不信言，應對高聲，所作違背。甘辛美味，妻子長喰，苦澀飯食，與父吃者。此非孝子也書云曾參。」（676 頁）按：原卷「曾參」後有「云——」字樣，指文有省略。考《孟子‧離婁上》云：「曾子養曾晳，必有酒肉；將徹，必請所與；問有餘，必曰『有』。……事親若曾子者，可也。」疑「曾參」後省略的就是《孟子》的這一內容。《變文集》於「曾參」後絕句，誤。

又按：變文作為民間文學，稱引他書，往往信口而引舉書名，不可拘泥。如上引四則引文，除第一例確實出於《論語》外，其餘三例均與所稱書名不合：二、三例皆見於《禮記‧學記》，第四例蓋擬引用《孟子》語。又同篇：「書云：『父母之年不可不知。』」（689 頁）則見於《論語‧里仁》。倘不明此理，斤斤於「書」求之，則不可得矣。

參考文獻

曾榮汾《敦煌寫卷書寫符號用例試析》，《木鐸》第 8 期，1979 年 12 月。

郭在貽、張涌泉、黃征《敦煌寫本書寫特例發微》，《敦煌吐魯番學研究論文集》，上海：漢語大詞典出版社，1990 年，第 333-339 頁；又收入張涌泉《舊學新知》，杭州：浙江大學出版社，1999 年，第 244-248 頁。

林聰明《敦煌文書學》，臺北：新文豐出版公司，1991 年，第 249-253 頁。

王重民等編《敦煌變文集》，北京：人民文學出版社，1957 年。

黃征、張涌泉《敦煌變文校注》，北京：中華書局，1997 年。

郝春文主編《英藏敦煌社會歷史文獻釋錄》第三卷，北京：社會科學文獻出版社，2003 年。

（原載《浙江師範大學學報》2011 年第 1 期）

肆

敦煌寫本標識符號研究

　　符號之學在我國有悠久的傳統，最早可以追溯到先秦的甲骨金文。敦煌寫本抄寫時間前後跨越六百多年，抄手含括各色人等，也使用了各種各樣的標識符號。除了大家熟悉的刪字號、鉤乙號、重文號外，敦煌寫本中常見的標識符號還有句讀號、層次號、勘驗號等，下面分別加以介紹。

第一節　句讀號

　　黃侃《文心雕龍札記》於章句第三十四下云：「凡為文辭，未有不辨章句而能工者也；凡覽篇籍，未有不通章句而能識其義者也。故一切文辭學術，皆以章句為始基。」[1] 章句即離章析句，是閱讀古書的基

1　黃侃《文心雕龍札記》，北京：文化學社，1934年，第77頁。

礎一環。近人胡樸安《古書校讀法·論讀書法》云：「離章者，即將古書一篇分為若干段落也。……析句者，於一篇之中畫其節目，再於一節之中析其句讀是也。」[2] 前者可稱層次號，後者即句讀號。敦煌寫本中可以劃歸句讀號的有停頓號、絕止號、引號、界隔號等。

一、停頓號

　　用於詞組、句子、段落之後，表示音節的停頓、句子或語段的結束。其形狀主要有以下幾種：

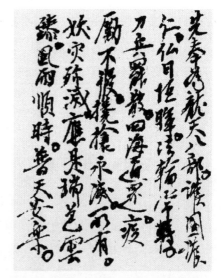

▲ 圖1　P.3251《御製林鍾商內家嬌》　　　▲ 圖2　Дх.1228《二月八日文》

2　胡樸安《古書校讀法》，南京：江蘇古籍出版社，1985年，第118-120頁。

【○】中空的小圓圈，形狀比現代漢語的句號略大，用於一個句子、一個詞組或一個語段之後。如 P.3251 號《御制臨（林）鍾商內家嬌》：「兩眼如刀○渾身似玉○風流弟一佳人○及時衣著○梳頭京儀○素質艷孃情眷（春）○善別宮商○能調絲竹○歌令尖新○任從説○洛浦陽臺○慢將比並無因○半含嬌態○逶迤換（緩）步出閨門○搔頭重○慵慵不插○只抱（把）同心千遍撚弄○往中庭○應長降王奴仙宮○九（凡）間略現容真」。如圖 1 所示，除末句外，每一停頓處文字右下側原卷皆用墨筆標注一中空的小圓圈。又如 Дx.1228 號《二月八日文》：「先奉為龍天八部○護國護仁（人）○仏日恆暉○法輪常轉。刀兵罷散。四海通還。疫勵（癘）不侵。攙槍永滅○所有○妖灾殄滅○應是瑞色雲臻○風雨順時○普天

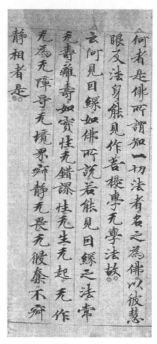

▲ 圖 3　Ф.275《經律異相》　　　　▲ 圖 4　津藝 271
　　　　　　　　　　　　　　　　　　　　《佛説大乘稻芉經》

安樂。」原卷如圖 2 所示，凡應停頓處皆施以中空的小圓圈（個別圈點因墨較濃變成了實心）。按今天的讀法，有的圈是不應施加的，如前例「任從說」下、後例「所有」下皆不應有圈點；但古人的圈斷本來就有施加在詞組之後的，跟今天的用法不盡相同，自不必以今而律古也。

　　又如 Ф.275 號《經律異相》卷十：「王問睒言卿是何等人被鹿皮衣與禽獸無異○睒言我是王國人與盲父母俱來孝道二十餘年未曾為虎獸毒蟲所見枉害○今我更為王所射煞○尒時山中暴風切起吹折樹木百鳥悲鳴師子熊羆走獸之輩皆大號呼○日無精光流泉為竭眾華萎死雷電動地○時盲父母驚起相謂睒行取水經久不還為毒蟲所害○走獸飛鳥音聲號呼不如常時○四面風起樹木摧折必有災異○王時怖懼大自悔責○我所作無狀我本射鹿箭誤相中射殺道人其罪甚重○坐貪小肉而受重殃○我今一國珍寶庫藏之物宮殿妓女丘郭城邑以救子命○」如圖 3 所示，原卷的「○」均標注在一個意義相對完整的語段之後，所含括的可以是一個句子，也可以是若干個句子，用法又與上揭二例有所不同。

　　又津藝 271 號《佛說大乘稻芉經》，如圖 4 所示，原卷用硃筆於每個自然停頓處標一點，而於每段結束時用硃筆標兩個小圓圈，可謂圈斷的變例。

　　【●】中實的小圓圈，功用與「○」號略同。如 Ф.256 號 ＋Дx.485＋Дx.1349 號《王梵志詩》：「但令但貪但呼●波若法水不枯●醉時安眠大道●誰能向我停居●八苦

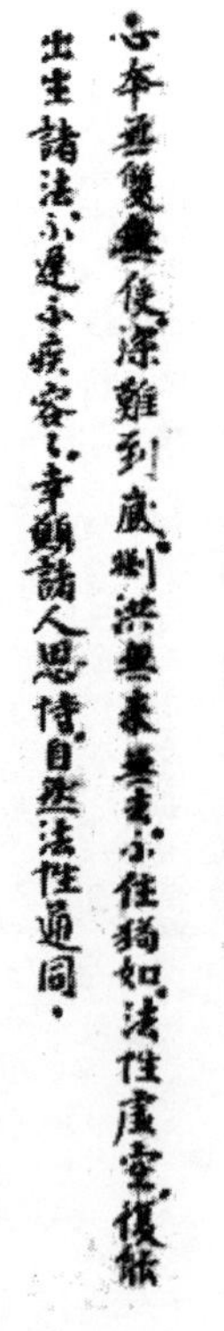

▲ 圖 5-2 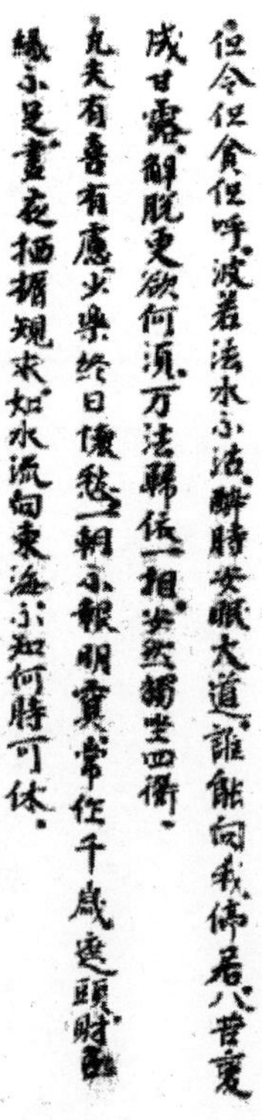　　▲ 圖 5-1

變成甘露●解脫更欲何須●万法歸依一相●安然獨坐四衢●」又一首：「凡
夫有喜有慮●少樂終日懷愁●一朝不報明冥●常作千歲遮頭●財色□緣不
足●晝夜栖屑規求●如水流向東海●不知何日可休●」原卷如圖 5-1 所
示，凡應句逗處皆施以中實的小朱點。

【、】形狀略同於現代漢語的頓號，但功能上則與上揭用於斷句的
「○」、「●」基本相同。如 S.4624 號《受八關齋戒文》：「弟子某甲等、
合道場人、願將如上受齋受戒、所有懺悔功得（德）、無量無邊、盡將
迴施、法界眾生、……」原卷如圖 6 所示，凡語氣有可停頓處皆施以墨
筆頓點。又 P.2976 號《溫泉賦》（圖 7），凡可讀斷處亦用墨筆頓點。又
P.2762 號《敕河西節度兵部尚書張公德政之碑》、上圖 125 號《金剛般

▲ 圖6　S.4624《受八關齋戒文》

▲ 圖7　P.2976《溫泉賦》

若經義疏》凡應讀斷處則皆施以硃筆頓點。

　　二、絕止號

　　作「¬」形，主要用於契約文書或賬目之末，表示正文內容的絕止。如 S.466 號《後周廣順三年（953）十月廿二日莫高鄉百姓龍章祐兄弟出典地契》，如圖 8 所示，契約條款至「用為後憑」句止，其下有一「¬」形符號，表示契約正文至此絕止。

▲ 圖 8　S.466《後周廣順三年十月廿二日莫高鄉百姓龍章祐兄弟出典地契》

　　李正宇《敦煌遺書中的標點符號》一文指出：絕止號「主要用於契約文書。這類文書要明文規定價值、利率、還納日期或其他相應的關係、條款，為了避免有人在契約文末尾冒添不利於執行原條款之文字，故須在文末畫以絕止號」。除契約文書外，賬目清冊有時也有用絕止號的。如 S.6154 號《某寺諸色斛斗入破歷計會》，如圖 9 所示，原卷卷末尚有空白餘紙，末行之後另有一「¬」形符號表示原文至此終止。

現時會計賬冊上有時寫上「以下空白」開具發票時大寫錢款數為零數時標注一提形或「⊗」形符號,都與敦煌寫本中的絕止號出於同樣的考慮。

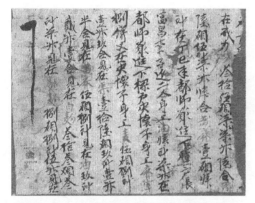

▲ 圖9　S.6154《某寺諸色斛斗入破歷計會》　　▲ 圖10　津藝34背《金剛般若波羅蜜經贊釋》

三、引號

作「┑」形,表示引文的起訖,和豎排書的引號近似。如津藝34號背《金剛般若波羅蜜經贊釋》,如圖10所示,原卷把所要贊釋的「應如是知如是見如是信解不生法相」「所言法相者如來說即非法相」「是名法相」「不取於相」「一切有為法」「如夢幻泡影」等經本文句用「┑」形符號括注起來,可謂是世界上最早出現的引號表示法。

四、界隔號

有「┐」和「一」兩種形式,下面分別舉例說明。

【┐】包括以下三種情況:

1.界隔正文和注文。如S.2049號《毛詩傳箋・豳風・破斧》「既破我斧,又缺我錡(錡)」毛傳:「鑿屬曰錡(錡)。」注文「鑿」字底卷原誤作正文大字,其右上角有一「┐」形符號加以界隔(圖11),表示

「鏨」字應改歸入注文。S.1442 號此字正作注文小字（圖 12）。

又如 S.134 號《毛詩傳箋・豳風・七月》：「穹窒熏鼠，塞向瑾▨（戶）。」毛傳：「穹，窮；窒，塞也。向，北出牖也。瑾，塗也。庶▨（人）蓽戶。」原卷「穹窒熏鼠」以下八字誤作雙行小字，與上下文注文混同，原卷於正文和注文「穹」字右上角各標注一「冂」形符號加以界隔（圖 13），表示前八字應改作大字正文。

▲ 圖 11 　▲ 圖 12

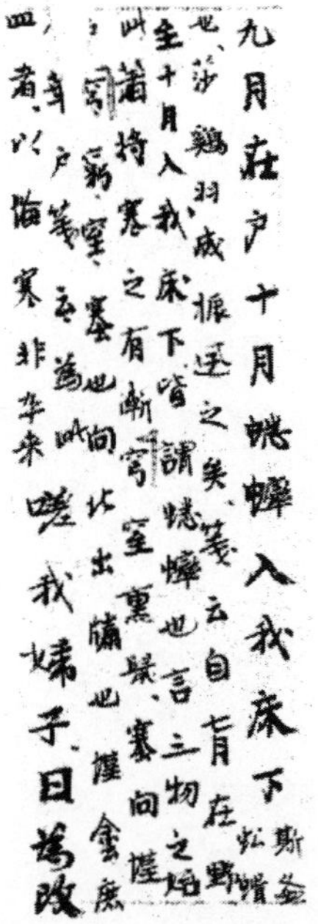

▲ 圖 13　S.134《毛詩傳箋》 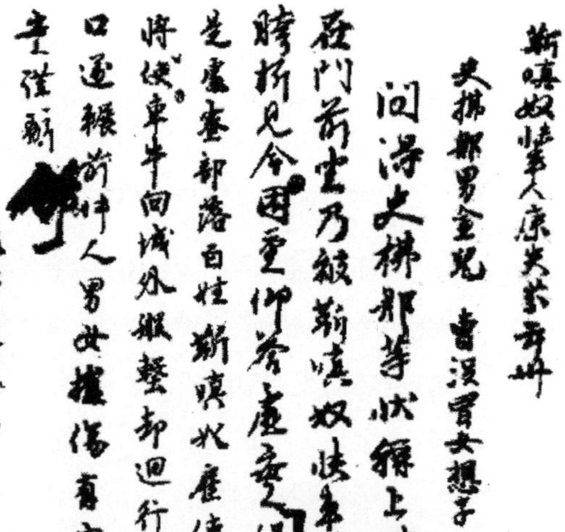　▲ 圖 14　《唐寶應元年六月康失芬行車傷人案卷》

2. 界隔不同段落。如 S.1441 號《勵忠節鈔・善政部》：「宓子賤為

單父宰，其人不忍欺；子產治鄭，其人不忍欺；宋登為潁川太守，政理清能，市無二價，其人不忍欺：謂之三不忍欺。楊泉《物〔理〕論》曰：使武官宰人，如使狼牧羊也。」該卷條與條之間通常空一格，每條之首有硃筆「‧」形標識。上揭引文「楊泉《物理論》」以下乃別一條，但抄手未及留空而徑接上條，故原卷於「楊」字右上角用硃筆標注一「㇇」形符號加以界隔。又同卷《智信部》：『《史記》曰：樗裡子骨（滑）稽多智，秦人號為智囊。劉德少脩黃公術，有智略，武高（帝）謂之千里駒。」「劉德」以下亦別一條，但原卷徑接上條，故「劉」字右上角有硃筆「㇇」形標識加以界隔。

又如吐魯番出土文書《唐寶應元年（762）六月康失芬行車傷人案卷》之三，如圖 14 所示，前為問辭，後為答辭，答辭之首「但失芬」右上側用墨筆標注「㇇」形符號以與上文問辭加以界隔。

3.界隔字與字。古人臨文，於所示敬之處，當在其前留一二字的空格。為免疏忽，抄手起草時或於當敬空字的右上側標注「㇇」形符號加以界隔。[3] 如P.3151 號《歸義軍函稿》：「今差曹厶等一行上京進奉克副來書一則望聖澤以臨邊一則感台情之重寄經過貴道希賜周旋。」如圖 15 所示，原卷「上京」「來書」「聖澤」「台情」「貴道」「周旋」前大抵留有一字空間，抄手又於上揭各詞前一字的右上側標注「㇇」形符號加以界隔，以提醒正式謄抄時應留空示敬。

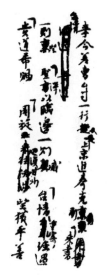

▲ 圖 15　P.3151
《歸義軍函稿》

3　參看李正宇《敦煌遺書中的標點符號》，《文史知識》1988 年第 8 期；張小豔《敦煌書儀語言研究》，北京：商務印書館，2007 年，第 224-226 頁。

【一】古書豎排，敦煌寫本有時用一橫畫界隔不同的條目。如S.6117號《時要字樣》把讀音相同的若干字頭列為一組，組與組間用「一」形符號加以界隔（圖16，原卷個別異音字之間缺間隔號，當係抄手疏漏；《敦煌遺書總目索引》把此間隔號錄作一二的「一」，大誤）。

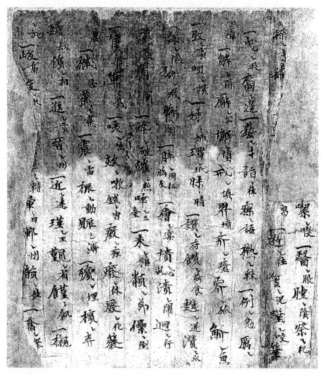

▲ 圖16　S.6117《時要字樣》

第二節　層次號

層次號或用於綱與目之間，通過圖表的形式列舉上位層次下所含蓋的子目或下位層次；或用在書名、篇名、段落或句子之前，提示篇章名稱和文章的段落層次。敦煌寫本中的層次號異常繁雜，主要有以

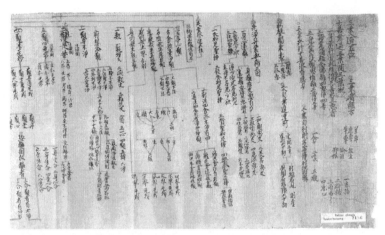

▲ 圖 17　P.2156《三乘人道五位》

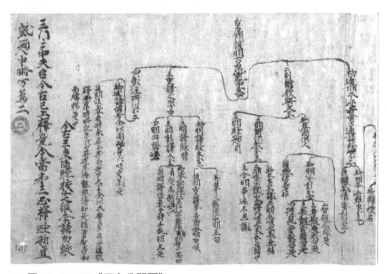

▲ 圖 18　P.2131《天台分門圖》

下一些類型：

【┤】或作「{」。和今天大括號「{」的功能相仿，圖解上位層次下所含蓋的子目或下位層次。如 P.2156 號《三乘人道五位》，見圖 17，

原卷通過「{」形符號把三乘人道五位下的極其複雜的子目關係剖析得非常清楚，如「五亭心觀」下有「多貪眾生不淨觀、多嗔眾生慈悲觀、愚癡眾生十二因緣觀、差別眾生界分別〔觀〕、尋伺眾生數息觀」等五觀，其中「愚癡眾生十二因緣觀」下有「無明、行、識、名色、六人、觸、受、愛、取、有、生、老死（二根）」等十二因緣，其中「無明、行」又為「（過去）二因」，「識、名色、六入、觸、受」又為「五果」，「愛、取、有」又為「（現在）三因」，「生、老死」又為「二根」，如此等等，把原本複雜的上下位關係展示得非常清晰。

又如 P.2131 號《天台分門圖》，如圖 18 所示，也是通過圖表的形式詮釋複雜的上下位關係。

【―】標記於每一層次之首。前文已指出作間隔號的「―」形符號，此則提示不同的層次，二者功能有所不同。如 P.3547 號《乾符五年（878）沙州進奏院上本使狀》，如圖 19 所示，原卷把賀正使在京活動分為上四相公書、奏論請賜節事、賀正使等受皇帝召見並獲賜物名數、恩賜答信及寄信分物等、賜賀正使等駝馬價絹數等五項，每項首

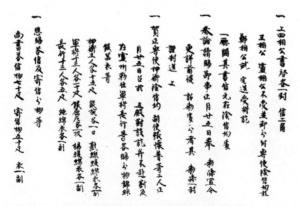

▲ 圖 19　P.3547《乾符五年沙州進奏院上本使狀》

▲ 圖 20　P.3489《戊辰年正月廿四日旌坊巷女人社社條》

行頂端標記「──」形符號，表示不同的層次。又如 P.3489 號《戊辰年正月廿四日旌坊巷女人社社條》，女人社社員團座商量後作出兩條社規：「｜ 或有大人顛言到儀（語），罰膩膩〔一〕筵；小人不聽上人，罰羯羊壹口，酒壹甕。｜ 或有凶事榮親者，告保錄事。」如圖 20 所示，每條社規前標記「──」形符號，表示層次之別。敦煌文獻整理者往往把這種界隔不同層次的「──」形符號錄作一二的「一」，其實是不準確的。

【¬】標記於書名篇名或段落首一二字的右上側。如 S.1441 號《勵忠節鈔》，有「勵忠節鈔卷第二」篇題，「勵」字右上側原卷有「¬」形符號。又如 S.192 號《賢愚經榜題》（圖 21），原卷每一段落的榜題文字於首一二字右上側皆用「¬」形符號表示。上一節我們說過，「¬」形符號敦煌寫本中可作界隔號，用於界隔正文與注文、條目與條目、字與字；「¬」用作層次號，與界隔號功能近似，但更多地是起提示另一層次的作用，而界隔的作用已不太明顯。

▲ 圖 21　S.192《賢愚經榜題》

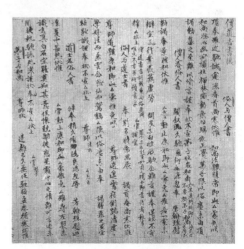

▲ 圖 22　S.2200《新定吉凶書儀》

　　【｜】標記於篇名或段落首一二字的右側。如 S.2200 號《新定吉凶書儀》（圖 22），原卷篇題的前一二字右側皆用硃筆標注「｜」形符號。S.1040 號《書儀新鏡》篇題右側亦有同樣的符號。

　　「｜」號的功能與「ㄱ」形符號同，應即後者的變體。Φ.267 號《無常經疏》（圖 23），所附圖版第二行第六字起分四段，其中第一段首字「經」字右上側標注「ㄱ」形符號，而第二、三段首字「經」字及第四段首字「頌」字右側卻標注「｜」形符號，其功用相同，可證「｜」應即由「ㄱ」省變而來。

　　【△】亦或寫作「ㄥ」形，標記於篇名或段落之上。如上揭津藝 271 號《佛説大乘稻芊經》，原卷用朱筆於每段之上標「△」形符號（見

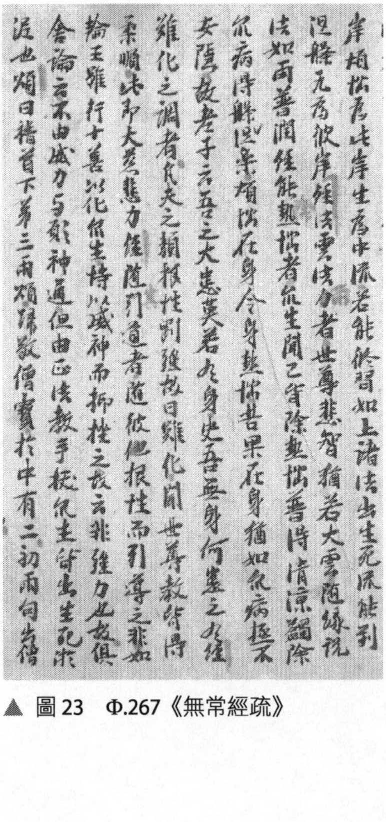

▲ 圖 23　Φ.267《無常經疏》

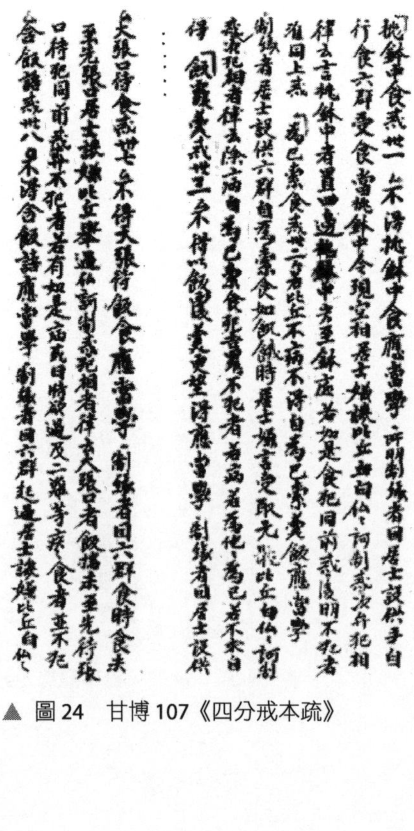

▲ 圖 24　甘博 107《四分戒本疏》

上文圖4）。

　　「△」有時用於較「コ」略小的層次。如甘博107號《四分戒本疏》卷四有百戒文，局部如圖24所示，每戒右上方原卷多用「コ」形硃筆符號加以標注，亦有用「厶」形硃筆符號標注於每戒之首的（附圖「大張口待食戒卅七」和「含飯語戒卅八」前的「厶」形符號S.6889號同一疏文作「コ」）；每戒之下通常有「××××應當學」一句，其前多標注「厶」形硃筆符號（偶亦有變體作「○」形的）；其下每層意思或每句之首則用硃筆標注「‧」形符號。

　　又如Φ.242號背《金剛般若經贊述》（圖25），每段首引經文，「經」字右上側硃筆標注「コ」形符號，「經文」之下的贊述文字則用硃筆首標一「厶」形符號；贊述文字需分若干層次的，又在每層次上用硃筆標注一「‧」形符號。

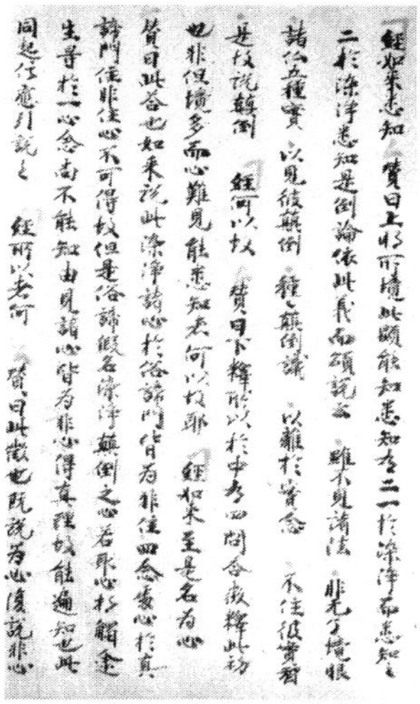

▲　圖25　Φ.242背《金剛般若經贊述》

▲　圖26　Дх.2153《百行章》

【🪔】「△」的變體。如Дx.2153號《百行章》（圖26），每段前標注「🪔」或「厶」形符號。

【↑】標記於篇名或段落首一二字的右上側，大約是「△」與「↑」合成的結果。如上博48號《白侍郎十二時行孝文》（圖27），篇名和每一節之始皆標記「↑」形符號。同一寫本的《十二時普勸四眾依教修行》《勸善文》《每月十齋日》《開元皇帝勸十齋讚》《九想觀詩》等篇篇名和節前也都有同樣的符號。

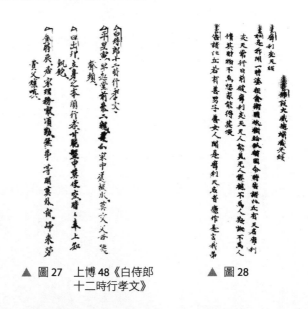

▲ 圖27　上博48《白侍郎
十二時行孝文》　　　　▲ 圖28

【🌿】標記於篇名或段落首一二字的右上側，大約是「↑」進一步繁化的結果。如上博48號《佛說大威德熾盛光如來吉祥陀羅尼經》和《摩利支天經》在經名及每段前畫樹狀標記，如圖28所示（《佛說大威德熾盛光如來吉祥陀羅尼經》尾題和《摩利支天經》卷首）。

【○】形狀或略小，作「○」形，標記於篇名或段落之上。如Дx.163號《黃帝內經素問》（圖29），每一段落起首硃筆標中空的「○」形符號。

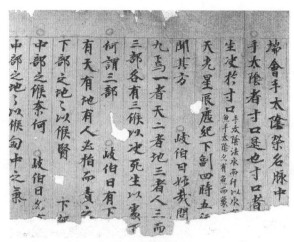

▲ 圖29　Дx.163《黃帝內經素問》

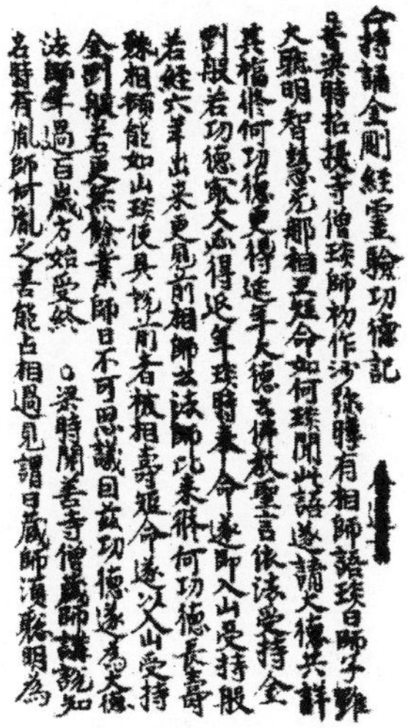

▲ 圖30　P.2094《持誦金剛經
靈驗功德記》

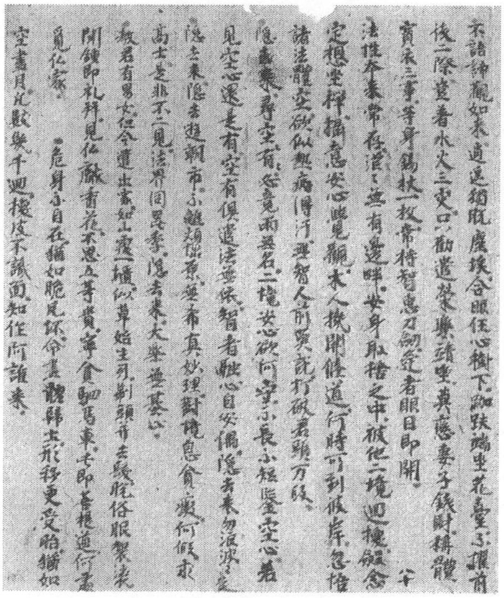

▲ 圖31　Ф.256《王梵志詩》

　　「○」有時用於比「△」略小的層次之首。如 P.2094 號《持誦金剛
經靈驗功德記》（圖30），首行題目「持誦金剛經靈驗功德記」前用硃
筆標記一「△」形符號，其下抄持誦靈驗功德記故事十九則每則前用

硃筆標記一「○」形符號。

「○」有時亦用於比「ㄱ」小的層次。如上揭 S.1441 號《勵忠節鈔》，書名前用「ㄱ」號，而其下的「將帥部」「政教部」「善政部」「字養部」「公正部」等部類前則皆標注一「○」形符號。又如 S.5660 號《朋友書儀》後半部分載有按月分節令順序排列的往返書疏，去信首句「二月仲春漸暄」「六月季夏毒熱」「十一月仲冬盛寒」各月分的右上側皆標注「ㄱ」號，而其答書之首則皆標注一「○」形符號。

P.3798 號《切韻》、P.2014 號《大唐刊謬補闕切韻》每一大韻序數前皆標識「○」形符號（前書小韻首字前則作「●」；後書小韻首字前既

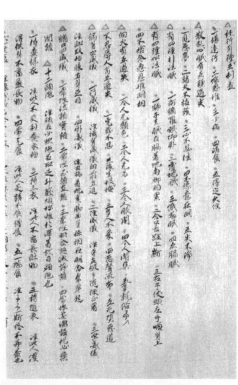

▲ 圖 32　P.3608《唐律義疏》　　　▲ 圖 33　Ф.321《毘尼心》

作「●」，又作「○」）；P.2015 號《大唐刊謬補闕切韻》則每一大韻序數、小韻首字前皆標識「○」形符號，今天通行的《鉅宋廣韻》、清述古堂影宋鈔本《集韻》承襲這種方法。

【●】標記於篇或段落之首。如 Φ.256 號《王梵志詩》（圖 31），每篇起首硃筆標中實的小圓圈。P.3608 號《唐律義疏》（圖 32）每個語段之首有同樣的符號。

「●」亦用於比「△」小的層次或句子之首。如 Φ.321 號《昆尼心》每段首用硃筆標「△」形符號，每段中的小層次則用硃筆標注「●」形符號（圖 33）。

【√】標記於段落之首。如上博 2 號《比丘尼戒經》每段前標一「√』形符號（圖 34）。浙敦 112 號（浙博 87）《十誦比丘尼波羅提木叉戒本》亦有同樣的符號。

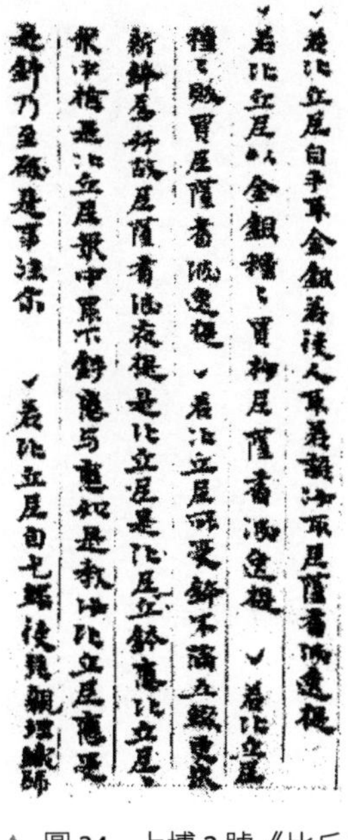
✓若比丘尼自手取金銀若使人取若語汝取尼薩耆波逸提
✓若比丘尼以金銀種種買物尼薩耆波逸提 ✓若比丘尼
種種販賣尼薩耆波逸提 ✓若比丘尼所受鉢不滿五綴更求
新鉢爲好故尼薩耆波逸提是比丘尼是比丘尼鉢應比丘尼
衆中捨是比丘尼衆中最下鉢應與如是教汝比丘尼應受
是鉢乃至破是事法尒 ✓若比丘尼自乞縷使非親里織師

▲ 圖 34　上博 2 號《比丘尼戒經》

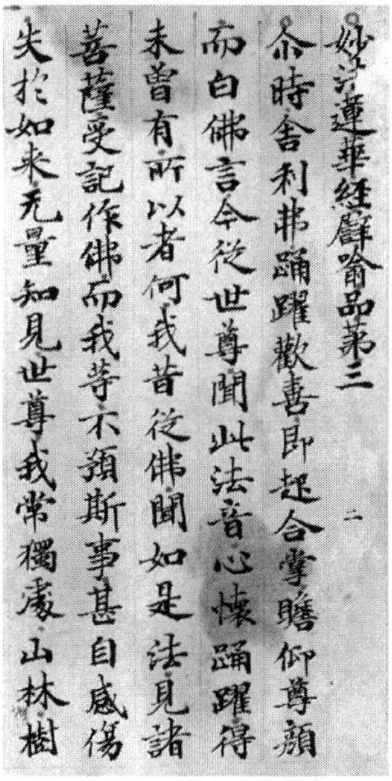
妙法蓮華經譬喻品第三　二
尒時舍利弗踊躍歡喜即起合掌瞻仰尊顔
而白佛言今從世尊聞此法音心懷踊躍得
未曾有所以者何我昔從佛聞如是法見諸
菩薩受記作佛而我等不預斯事甚自感傷
失於如來无量知見世尊我常獨處山林樹

▲ 圖 35　BD13802《妙法蓮華經》

【•】比上舉「●」號形狀略小，通常用於句子、詞組和韻書的小韻之首。如 BD13802 號《妙法蓮華經》卷二（圖 35），原卷品名和段落之首硃筆標注「○」形符號，每一段落中詞句之上則硃筆標一「•」形符號。「○」代表的層次顯然比「•」要大得多。

又如 P.2104 號背《修多經中菩薩十地觀方便觀相法門》（圖 36），篇題上有「╲」形符號，末句上有「╮」形符號，正文中每層次皆含括「若……，觀……」兩句，原卷「若」上皆標一「△」號，而次句「觀」上皆標一「•」號。「╲」「╮」「△」代表的層次也都比「•」大。

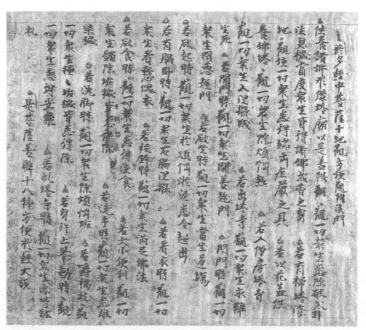

▲ 圖 36　P.2104 背《修多經中菩薩十地觀方便觀相法門》

又如津藝 30 號《淨名經關中疏》卷下，原卷每段用「コ」形硃筆符號標注於首字右上方，每段分為若干層次的，每層首句之上硃筆標注「•」形符號（圖 37），「コ」代表的層次也都比「•」大。

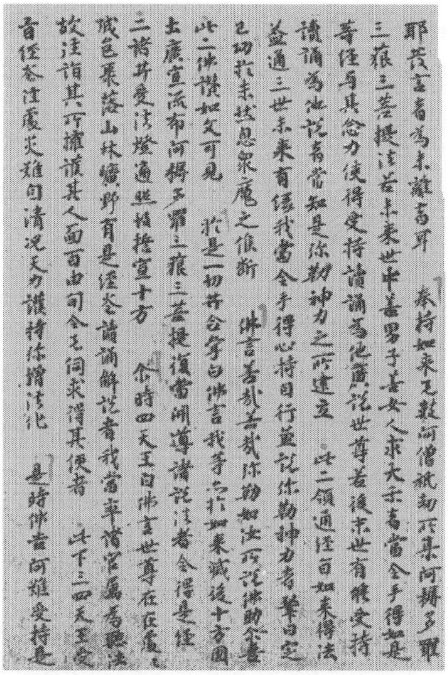

▲ 圖 37　津藝 30 號《淨名經關中疏》 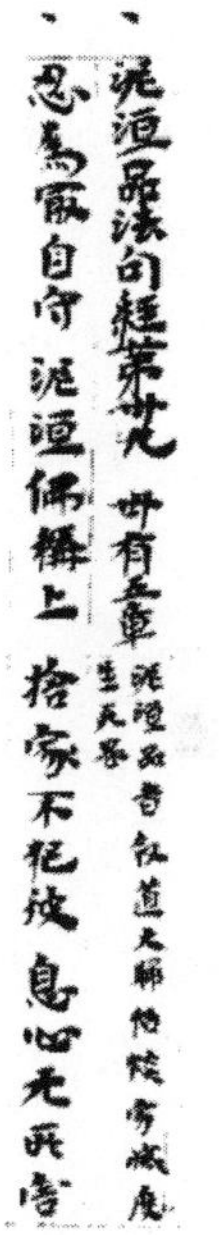　　　　　▲ 圖 38　甘博 1 號
　　　　　　　　　　　　　　　　　　　　　　　　　　　　　《法句經》

　　【、】標記於篇名或段落之上。如甘博 1 號《法句經》卷下，該卷品名及正文首句之上均有墨書頓形章節符號（圖 38）。

　　敦煌寫本韻書小韻首字之前通常用「•」形符號加以標識，如 P.2011 號《刊謬補缺切韻》每一小韻首字之前皆用硃筆標注「•」形符號。但 S.2683 號＋P.4917 號《切韻》殘卷小韻首字之前既有硃筆標注「•」形符號的，也有作「、」形符號的，「、」大約是「•」形符號簡率的寫法。

　　除了上揭較為常見的篇章段落符號外，其實有些寫本的層次符號還要繁雜得多，有令人眼花繚亂之感。如上圖 155 號《瑜伽師地論》第十二卷，每段前大抵以「復次」二字開端，其首分別用硃筆標注「○」（三見）、「🪷」（一見）、「🜊」（十餘見）等符號，其作用當大體相同。

又定博 6 號《瑜伽師地論分門記》各段之首用硃筆標注 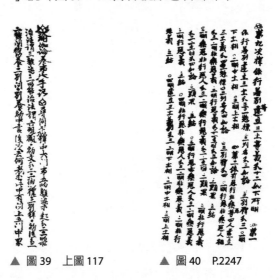、、 或 、○ 或 ●、• 等符號，表明其從大到小的不同層次。又上圖 117 號《瑜伽師地論隨聽手記》每卷卷端標注「」或「」形符號，較大的段落於前標注「」或「•」形符號，一段中分為若干層次的則於各層次前標注「•」號（圖 39，上揭符號原卷皆硃筆）。

▲ 圖 39　上圖 117　　　　▲ 圖 40　P.2247

　　又 P.2247 號《瑜伽師地論攝抉擇分分門記》卷三：『 第九，決擇依行差別等建立三土尊義。分十二，如下所明， 第一，依行差別建立三土。分三：◎一惣標；◎二列名，分三，如論；◎三別釋，分三：○一明下土相，○二明中土相，○三明上土相。 第二，依有惡行非樂惡等四人建立三土義。分四：◎一惣標。◎二列名，分四，如論。◎三別釋，分四：○一明行惡非樂惡人相，分三：●一明非樂惡義，●二明行惡義，分二：•一立因，分三如論，•二顯宗；•三結。○二明樂惡非行惡人，分三：●一明樂行惡義，分二：•一立因，•二顯果；●二明非行惡義，分二：•一立因，分四，如論，•二顯果；●三

結。○三明行惡亦非樂惡人，分三：●一明樂惡義●二明行惡義；●三結。○四明非行惡非樂惡人，分三：●一明非樂惡義●二明非行惡義；●三結。○四明建立三土差別，分三：●一明下土相；●二明中土相；●三明上土相。……」（「四明建立三土差別」是承前「第二，依有惡行非樂惡等四人建立三土義」下分四「◎一惣標。◎二列名，分四，如論。◎三別釋」而言，相關符號應改作「◎四明建立三土差別，分三：○一明下土相；○二明中土相；○三明上土相」）如圖 40 所示，原卷正文之首標注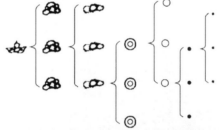形符號，其下第一層次用 號，第二層次以下依次用 、◎、○、●、•來表示，這些符號均標注於各大小層次之首可圖解如下：

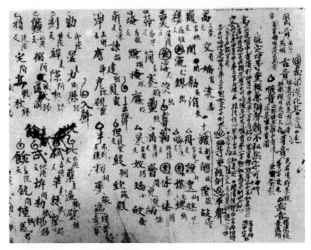

▲ 圖 41　P.2012《切韻法》

P.2012 號《切韻法》的符號層次也很豐富，如圖 41 所示，其中「南梁漢比丘守溫述」、「定四等重輕兼辯聲韻不和無字可切門」、「四等重輕例」等較大的類目前分別標注「🎼」、「🎼」、「🔥」形符號，「上聲」、「去聲」、「入聲」等次一等的類目前標注「🎵」形符號，其下的例字行端則標注「ㄙ」、「○」或「🎵」形符號。

第三節　勘驗號

勘驗號用於勘驗人員知悉、參加與否或物品交納、存缺情況。多見於社司轉帖和賬冊文書。所用符號有「○」「●」「、」「ㄱ」，等，通常標記於人名或物品右側或右上側。例如：

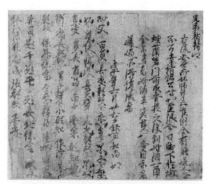

▲ 圖 42　S.4660《戊子年六月廿六日兄弟社轉帖》

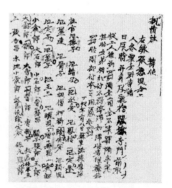

▲ 圖 43　S.5632《丁卯年二月八日張憨兒母亡親情社轉帖》

S.4660 號《戊子年（988）六月廿六日兄弟社轉帖》（見圖 42），安定阿姊師身亡，錄事發帖告知各位社員，請大家定時定點送粟一斗，後到或不到者都要罰酒。帖文後抄列社人名單，「其帖各自示名遞過，不得停流（留）者」。社人如同接力賽般依次傳遞，收到者在其上作一標記，表示已知。原卷多數名單右側有一頓形符號，即應為收到者記

注的知悉標識，社司則以此作為日後懲戒的憑據。另外多數人名下另筆標有一「全」字，大約表示所納物品已足。

　　又 S.5632 號《丁卯年（967）二月八日張憨兒母亡親情社轉帖》（圖 43），因張憨兒母亡，錄事發帖要求各位社員送酒壹甕、粟壹斗，在規定時間內「並身及粟」於規定地點集合，後到或不到者罰酒；同樣「其帖弟（遞）相分付」，最後「卻付本司，用憑告罰」。帖文後抄列的社人名字右側有的有「○」、「ㄱ」和墨點三種符號，有的則只有一二種，墨點似為社人畫知的標識，「○」和「ㄱ」則可能是社人到場及酒、粟送納與否的標識。[4]

　　又 P.3807 號《龍興寺藏經目錄》是依據《大唐內典錄》為藍本形成的龍興寺藏經目錄，其中近一半經目上標有墨點（圖 44），另有少部分經上標有硃點。根據《法華經》七卷、《正法華經》十卷、《維摩經》三卷、《金剛般若經》一卷這樣一些常見的經名之上該卷皆標有墨點的情況來判斷，標有墨點的大約是龍興寺原有的藏經，而標有朱點的（包括《盂蘭盆經》一卷、《大智度論》一百卷）或許是後來陸續入藏的，至於既無墨點又無朱點的，可能是龍興寺缺藏的佛經。

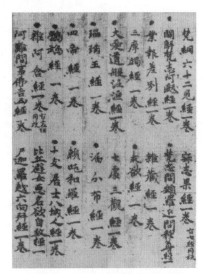

▲ 圖 44　P.3807《龍興寺藏經目錄》

4　請參看寧可、郝春文《敦煌社邑文書輯校》該卷說明，南京：江蘇古籍出版社，1997年，第 104 頁。

第四節　後論

通過上面的舉例分析，我們可以得出以下兩點基本認識：

第一，敦煌寫本符號繁多，形式多樣，已形成比較完善的標識符號系統。這些符號，有的是前有所承的，如春秋晚期的侯馬盟書段落末用「﹏」形符號表示一個段落的結束；睡虎地秦墓竹簡在章、節前加圓點「●」來劃分章節，用「•」或「ㄥ」形符號表示停頓或絕句；曾侯乙墓用頓點來斷句；武威漢簡章首用「○」或「▲」形符號（亦用於斷句），用大、中、小不同圓點「•」區別三級語言層次，等等，都和敦煌寫本的標識符號有著密不可分的關係。但也有一些標識符號是前所未見的，如用「〗」表示引文的起訖，用「┐」和「─」表示界隔，用「{」圖解上位層次下所含蓋的子目或下位層次，用「─」標記於每一層次之首，用「𧀼」「✓」等標記於篇名或段落之首，等等，皆為此前所未見。而且敦煌寫本標識符號種類之多，層次之豐富，使用之普遍，也是前此所難以比並，顯示出當時標識符號已趨於逐漸成熟的過程。誠如李正宇先生所說，這是一筆重要的文化遺產，值得我們給予珍視。

第二，敦煌寫本的標識符號還不是很穩定，或者說尚未完全定型，一符多用或一號多符的現象都很普遍。如同一「┐」形符號，可以分別用作界隔號、上引號、絕止號、層次號、刪字號、勘驗號，等等。我們校理敦煌文獻時，要特別留意寫本一符多用的特點，不可把形狀相同而功用不同的標識符號混為一談。試看下面的例子：

S.1441 號《勵忠節鈔‧俊爽部》：「（顧悅曰）蒲柳之姿，望秋先落；松柏之質，凌霜不彫益翠王道謂賀修云……」原卷「益」字右上角有一「┐」形符號。《敦煌類書》校：「益翠」二字原卷校改屬下條，

今不從。《世說》此句作『經霜彌茂』，則『益翠』恐是別本異文，編書者注於『不彫』下，後轉鈔混入本文。」（618頁）《敦煌類書》謂「益翠」恐是別本異文轉鈔混入本文是對的，但原卷的「ㄱ」形符號並非指「益翠」二字改屬下條，而是指此二字為衍文當刪。敦煌寫本中「ㄱ」既可用作條目之間的界隔號，又可用作刪字符號文中乃刪字符號也。

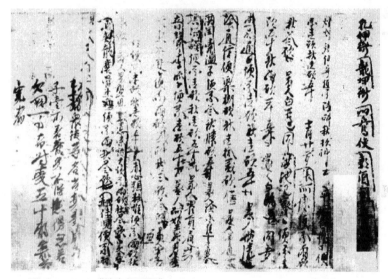

▲ 圖 45　P.2680《某寺便粟曆》

又 P.2680 號《某寺便粟曆》亦多見「ㄱ」形符號（圖45），如：「音聲李流子便粟壹碩五斗（押），口承人阿姑王昇君（押）。慈惠安通子便粟兩碩貳斗，秋參碩參斗（押），口承人陰通□（押）。……赤心張粉堆便粟兩碩，秋參碩，口承人男憨兒（押）。」原卷「音聲李流子」、「赤心張粉堆」右上側各有「ㄱ」形符號。或謂「ㄱ」是勾銷號李流子、張粉堆所貸粟本利皆已還清，故在帳頭上加勾銷號，而安通子借

貸未還，故不加勾銷號。[5] 竊謂要把所貸粟的本利勾銷，這樣的重擔恐
非標一「ㄱ」形符號所能勝任。這裡的「ㄱ」恐怕也只是層次號或界
隔號，用於段落之首，提示其下為另一層次，其功用與本篇之前一行
標注於人名「龍押衙」、「張兵馬使」、「郭酒」右上側的「ㄱ」略同。
至於「慈惠安通子」右上側無此符號，則恐是抄者疏忽所致。

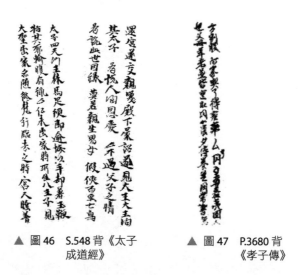

▲ 圖 46　S.548 背《太子　　　　▲ 圖 47　P.3680 背
　　　　　成道經》　　　　　　　　　　　　《孝子傳》

又 S.548 號背《太子成道經》：「為悦（説）人間恩愛，ム不過父子
之情。」又云：「ム佛未出家時，所生八王子，見大聖出家，亦隨修梵
行。」（圖 46 其中的「ム」S.2352 號、P.2999 號同，前例《敦煌變文校
注》校云：「（ム）當通『無』，蓋抄手誤抄而接改『不』字，卻未刪
去也。」（458 頁校記 271）《英藏敦煌社會歷史文獻釋錄》第三卷校：
「疑此字為衍文。」（210 頁校記 220）後例《敦煌變文校注》校記謂

5　參李正宇《敦煌遺書中的標點符號》，《文史知識》1988 年第 8 期，第 100 頁；林聰
　　明《敦煌文書學》，臺北：新文豐出版公司，1991 年，第 267-268 頁。

「ム」即「某」（461 頁校記 337），因據以改錄作「某」字；《英藏敦煌社會歷史文獻釋錄》逕錄作「某」字（213 頁校記 269）。頗疑上揭所謂「ム」並非「某」字，而是層次號。蓋上述寫本的祖本每句或每段前多標有「ム」形層次號，S.548 號等本傳抄時類皆刪去之，上揭二例乃抄手刪而未盡者也。S.2682 號無此二「ム」，北 8436 號（潛 80）前例亦無（後例殘缺），可以為證。P.3680 號背《孝子傳》王武子條下接抄閔子條，如圖 47 所示，閔子條之首有「ム」，似為分則符號（該卷其他各則起首均有「○」形分則符）[6]，而 P.3536 號背《孝子傳》閔子條前無此符號，可參。

另外，在整理敦煌文獻時，我們還應注意以下兩點：

第一，要留意原卷用硃筆表示的標識符號。

敦煌寫本中的標識符號反映了寫本作者或抄手對文本最原始的理解，我們自應予以尊重。但由於這類符號大多為硃筆，而今人看到的往往是黑白照片的圖版本，硃筆難以充分顯現，整理者易於忽略，從而造成不應有的錯誤。如 P.3211 號《王梵志詩》，原卷首與首之間通常空一至二格，每首詩的首一二字的右上側大抵有一硃筆「フ」形標識。我們今天分篇時，便應留意寫本的這一特點。如該卷有云：「觀內有婦人，號名是女官。各各〔能梳略，悉帶芙蓉冠。長裙並〕金色，橫披黃儭單。朝朝步虛讚，道聲數千般。貧無巡門乞，得穀相共飡。常住無貯積，鐺釜當房安。眷屬王〔役〕苦，衣食遠求難。出無夫婿見，病困絕人看。乞就生緣活，交即免飢寒。　道人頭兀雷，例頭肥特肚。本是俗家人，出身勝地立。飲食哺盂中，衣裳架上出。〔每日〕趁齋家，即禮七拜仏。飽喫更索錢，低頭著門出。手把數珠行，開肚元

6　另「ム」和「閔」右側有「了」形字，則不審何意。

無物。生平未必識，獨養肥沒忽。虫蛇能報恩，人子何處出？」（缺字據 S.5441 號擬補）原卷「道人頭兀雷」與上句間有一字空格，「道」字右上側有一硃筆「乛」形標識，説明原標識者以「道人頭兀雷」句開始為另一首。後一首首聯末「肚」字為遇攝字，與下文「立」、「出」等深攝、臻攝字通押；前一首則押山攝字。而法國戴密微《王梵志詩與太公家教》把「道人頭兀雷，例頭肥特肚」一聯屬上一首，那就大錯特錯了。

又同卷：「世間慵懶人，五分向有二。例著一草衫，兩脾成山字。出語觜頭高，詐作達官子。草舍元無床，無氈復無被。他家人定臥，日西展腳睡。諸人五更走，日高未肯起。朝庭數千人，平章共博戲。菜粥喫一椀，街頭闊立地。逢人若共語，荒説天下事。喚女作家生，將兒作奴使。妻即赤體行，尋常飢欲死。一群病賴（懶）賊，卻搦父母恥。日月甚寬恩，不照五逆鬼。」《王梵志詩校輯》把上引詩句分作《世間慵懶人》和《朝庭數十人》二首。但「朝庭數千人」（「千」字今人多校作「十」，近是）之上原卷既無空格，亦無「乛」形分篇符號；從文意上看，「朝庭數千人」以下仍是就「慵懶人」而言；而且以「日高未肯起」作為「世間慵懶人」首的末句，也給人意猶未盡之感。所以我們覺得《王梵志詩校注》根據原卷的分篇標識把上引詩句定作一首是正確的；《王梵志詩校輯》不顧原卷分篇的特點以及文意，強行拆而為二，顯然是不合適的。

第二，寫本標識符號標識的位置有的並不正確，同時還常有漏標的情況。

由於種種原因（如標識者並非作者本人、原文本身有歧義等），敦煌寫本的標識符號並不是完全正確的。所以我們既要留意寫本的標識符號，給予應有的尊重；同時也不能不加辨識，盲目信從。如上揭

P.3211號《王梵志詩》，就頗有失標或誤標的情況。如：「天下惡官職，不過是府兵。四面有賊動，當日即須行。有緣重相見，業薄即隔生。逢賊被打煞，五品無人諍。生住無常界，壞壞滿街行。只擬人間死，不肯仏邊生。　　從頭捉將去，▨▨（頑骨）不心擎（驚）。雖然畜兩眼，終是一雙盲。向前黑如柒，直掇入深坑。沉淪苦海裡，何日更逢明？」原卷「不肯仏邊生」與下句「從頭捉將去」間有一個多字的空格，「從」字右上側又有「ㄱ」形分篇標識，故《王梵志詩與太公家教》《王梵志詩校輯》等皆以「從頭捉將去」以下為另一首。但「從頭捉將去」之前的「生住無常界」四句與其前所講的「府兵」無涉，而與「從頭捉將去」以下的文字卻渾然一體，係指無常眾生沉淪苦海而不自覺，鑑此，《王梵志詩校注》改以「生住無常界」以下四句屬下一首，極是。原卷把分篇符號標注於「從頭捉將去」一句，顯然是有錯誤的。

又同卷：「身如內架堂，命似堂中燭。風急吹燭滅，即是空堂屋。家貧無好衣，造得一襖子。中心穰破氈，還將布作裡。清貧常使（快）樂，不用濁富貴。白日串項行，夜眠還作被。」引詩除首句與前一首間有一字空格及「身如」二字右上側有「ㄱ」形分篇標識外，餘皆接抄不分。但前四句喻生命無常，後八句則論清貧自樂，詩意迥殊；而且前二聯韻腳字「燭」「屋」為江攝、通攝通押，後四聯則押止攝韻，韻腳也不相同。所以《王梵志詩校輯》《王梵志詩校注》等各家均把「家貧無好衣」以下八句分篇獨立作一首，應該是正確的，原卷「家貧」句上應失注「ㄱ」形分篇標識。

下面再舉幾個寫本本身句讀有問題的例子。如S.530號背《齋儀摘抄》：「伏以蹔乖寢膳臥疾經時朝風書觸於帡幄愁雲暮結於庭際鴛鴦帳下邕邕而憂色潛生非　翠簾間漠漠而清煙亂起。」原卷篇與篇之間大抵空一至二格，上揭引文「非」「翠」間原卷空約一個半字，按例應係分

篇標誌。其實「非」字當讀作「翡」，屬下讀，原文應標點作：伏以蹔乖寢膳，臥疾經時，朝風書（晝）觸於帡幃，愁雲暮結於庭際。鴛鴦帳下，邕邕而憂色潛生；非（翡）翠簾間，漠漠而清煙亂起。有人據原卷的空格以「邕邕而憂色潛生非」為一句連讀，非是。

又 S.1441 號《勵忠節鈔・安國部》：「漢武帝末時悔征伐之事乃封丞相為富民侯。」原卷於「相」字右下側用「○」形符號圈斷。其實據文意而言，當以「乃封丞相為富民侯」八字作一句讀。

又 P.3126 號《冥報記》「鐵臼」條：「日日罵詈時復哥謠。哥云桃李花。嚴霜落。柰何桃李子。嚴霜早落之其聲甚傷悽切自悼。不得成長也。」如圖 48 所示，原卷圈斷如此，其實這段話當讀作：「日日罵詈，時復哥謠，哥云：『桃李花，嚴霜落；柰何桃李子，嚴霜早落之。』其聲甚傷悽切，自悼不得成長也。」原卷「悼」後的圈句號顯然是不合適的。

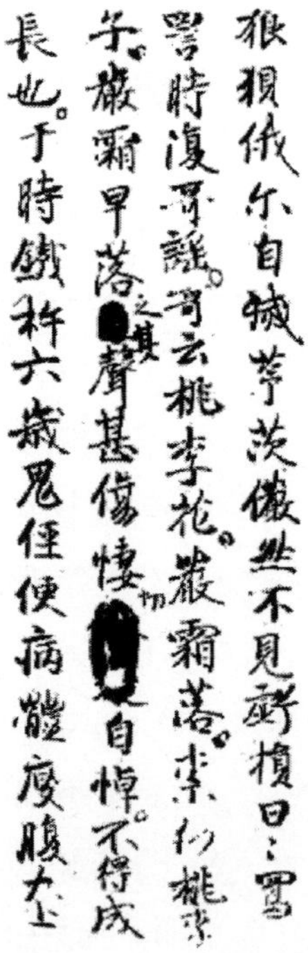
詈時復哥謠。哥云桃李花。嚴霜落。柰何桃李
子。嚴霜早落之其聲甚傷悽切自悼。不得成
長也。于時鐵杵六歲

▲ 圖 48　P.3126《冥報記》

又 Φ.256 號＋Дx.485＋1349 號《王梵志詩》：「心本無雙無隻●深難到底●淵洪無來無去●不住猗如●法性虛空●復能生出諸法●不遲不疾容容●幸願諸人思恃●自然法性通同●」原卷點讀如此（上文圖 5-2）。其實如果用現代的標點符號，這首詩當校讀作：「心本無雙無隻，深難到底淵洪。無來無去不住，猗（猶）如法性虛空。復能生出諸法，不遲不疾容容（融融）。幸願諸人思恃（忖），自然法性通同。」其中的「洪、空、容、同」為韻腳字。「淵洪」謂水深而廣，是用來修飾「深難到底」的。原讀把「淵洪」屬下讀，於是後

面的三句便全亂了套。不了解寫本的這一特點，而盲目信從原有的句
讀，便會導致斷句錯誤。

參考文獻

陳夢家《漢簡綴述》，北京：中華書局，1980 年。

〔法〕戴密微《王梵志詩與太公家教》，巴黎：高等中國研究所叢書第 26 卷，1982
年。

郝春文主編《英藏敦煌社會歷史文獻釋錄》第三卷，北京：社會科學文獻出版社，
2003 年。

黃征、張涌泉《敦煌變文校注》，北京：中華書局，1997 年。

李正宇《敦煌遺書中的標點符號》，《文史知識》1998 年第 8 期，第 98-100 頁。

林聰明《敦煌文書學》，臺北：新文豐出版公司，1991 年，第 249-253 頁。

王三慶《敦煌類書》，高雄：麗文文化事業股份有限公司，1993 年。

王重民《敦煌遺書總目索引》，北京：中華書局，1983 年。

吳良寶《漫談先秦時期的標點符號》，《吉林大學古籍整理研究所建所十五週年紀念
文集》，長春：吉林大學出版社，1998 年，第 183-199 頁。

項楚《王梵志詩校注》，上海：上海古籍出版社，1991 年。

張錫厚《王梵志詩校輯》，北京：中華書局，1983 年。

張小豔《敦煌書儀語言研究》，北京：商務印書館，2007 年，第 229-230 頁。

伍

古書雙行注文抄刻齊整化研究

一

　　古代寫本有時正文注文連屬，正文用單行大字，而注文往往用雙行小字。為使卷面整齊，雙行注文的第一行與第二行應大致字數相等，所以抄寫時就需要事先計算好每條注文的字數。否則，如果前一行所抄的字數多了，後面一行就會出現較多的空白；相反，如果前一行所抄的字數少了，後面一行又會過於擁擠或出現所留空間不夠用的情況。同樣，如果抄寫時字的間距控制得不好，也會出現前後行長短不協調的情況。無論發生那一種情況，都會影響卷面的整齊和美觀。但由於種種原因，這種雙行注文前後兩行不協調的情況總是無法完全避免的。而一旦發生了這種情況，抄手有時也會採取一些補救措施。這種補救措施主要有調整位置、刪減字詞、增添字詞或符號三類，下面分別舉例加以說明。

　　（一）調整位置

　　如上所説，由於計算疏失或者沒有控制好字的間距，古書雙行注文手抄時會發生後一行過於擁擠或所留空間不夠用的情況，如果抄手在後一行剛開始抄的時候就發現這一問題，那他完全可以通過適當壓縮後一行注文文字間距的辦法來加以補救。但當後一行抄寫將畢，抄手才發現較前行超出多字，雖努力壓縮字距，仍會出現所留空間不夠用的情況。如北大 D168 號《戒本含注一卷》「八十三非時入聚落戒」下雙行小注：「佛在舍衛國時，跋難陀非時入村，與居士樗蒲。比丘得勝。居士慳嫉故，便譏慊之。諸比丘聞以，過白佛，呵責制戒。」原卷如圖 1 所示。由於抄手沒有預先計算好每行應抄的字數，注文後行較前行超出三個多字，孤懸於外，顯得很不協調。

　　又如吐魯番阿斯塔那 363 號墓出土的唐景龍四年（710）「私學生」卜天壽寫本《論語鄭氏注・為政》（《吐魯番出土文書》圖錄本三）「〔子張問〕十世可知」句下注云：「大（代）謂易姓之世，問其制度變跡（易）不可知。」原卷如圖 2 所示。由於後一行注文的間距沒有控制好，幾乎超出前行三個字，以致末「不可知」三字與下句正文「子曰殷因於夏禮」的「子曰」二字處於並列的位置，顯得非常難看。

　　所以一旦發生上揭情況，抄手就會臨時採取一些補救措施。措施之一便是把注文末若干字改寫於前行之末。如 BD14636 號（原新字號 836）《毛詩傳箋・大雅・文王》：

文王陟降在帝左右　　言文王升接天下接人箋云在察也之
　　　　　　　　　　文王能知天下意順其所為從而行

原卷如圖 3 所示。注文《十三經注疏》本作：「言文王升接天，下接人也。箋云：在，察也。文王能觀知天意，順其所為，從而行之。」兩相比較，較為重要的異文有三處：一是敦煌本「天下意」注疏本作「天意」；二是敦煌本注文第一行末「察也」後有「之」字，而注疏本無；

三是注疏本注文末「從而行」後有「之」字，而敦煌本無。其中的第一處異文當以注疏本為是，而敦煌本的「下」字應為衍文當刪。而後二處異文則應合併考慮，即敦煌本第一行末的「之」應移至第二行行末。上揭注文總共二十九字，一般前一行應抄十五字，後一行抄十四字，但抄手前一行除末「之」字只抄了十四字，後一行字的間距又過於疏朗，以致抄到第二十八字時已超出前行二字，顯得非常難看於是抄手便把最後一個「之」字抄於前行之末，以求雙行大致對齊。《敦煌經部文獻合集》校記謂「察也」後的「之」字為「雙行對齊而添加」，又於注文末據刊本擬補一「之」字[1]，似猶尚未達於一間。

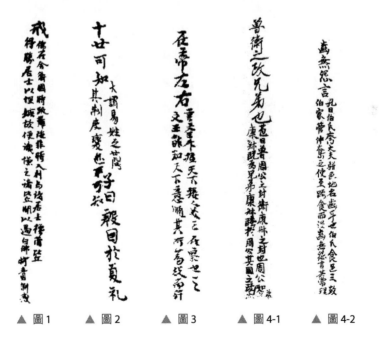

▲ 圖1　　▲ 圖2　　▲ 圖3　　▲ 圖 4-1　　▲ 圖 4-2

1　　《敦煌經部文獻合集》，北京：中華書局，2008 年，第 899 頁校記〔二三〕。

S.3011 號何晏《論語集解・子路》「子曰：魯、衛之政，兄弟也」集解：「苞（包）曰：魯，周公之封；衛，康叔之封也。周公、康叔既為兄弟，康叔睦於周公，其國之政亦如兄弟。」原卷如圖 4-1 所示。注文前行只抄了十五字，而餘下二十字，超出前行五字，故抄手便把末「如兄弟」三字抄至前行，而又用一條曲線把後行末字「亦」與「如」字連接起來，表示末句當讀作「其國之政亦如兄弟」。

同上卷「奪伯氏駢邑三百，飯蔬食，沒齒無怨言」集解：「孔曰：伯氏，齊大夫。駢邑，地名。齒，年也。伯氏食邑三伯（百）家，管仲奪之，使至疏食，而沒齒無怨言，其當理故。」原卷如圖 4-2 所示。因注文後行字數較前行多，間距又沒有控制好，故寫至「理」字時已超出前行一個多字，故抄手把末「故」字移寫至前行之末，而又用一條短線把「理」與「故」字連接起來。

但這種補救措施既不雅觀，也容易造成誤解，並不是一個好辦法。於是聰明的抄手想出了另一個主意。請看前揭卜天壽寫卷《論語鄭氏注・公冶萇》「子謂公冶萇可妻也。雖在縲絏之中，非其罪。以其〔子妻之〕」句下註：

公冶萇孔子弟子縲絏徽纆之屬所以執縛罪人之　　　　瑩
繩索冶萇嘗以他人之罪為執法吏所並制時人或辱之故孔子解

原卷如圖 5 所示。因注文後一行所留空間不夠用，於是抄手便把注文末字「焉」倒寫在前行之末以作補救。相對而言，這樣做不易造成理解上的錯誤。王素指出：「後行抄寫臨了，才發現較前行超出二至多個字，而末字又不可省，學童往往將末字倒寫（也有正寫）在前行之末，作為補救。這種補救的辦法，不限於學童手書的作業，可能是當時流

行的方法。」[2] 這一推測是對的，我們在敦煌寫本中也看到了類似的做法，並且倒寫的也不僅僅是末字，有時是兩個甚至更多。例如：

P.2901 號《一切經音義摘抄》：「餂手，古文餂、舓，今作猎，又作舐，同，食爾反，以舌取食。經末（文）作唲、鴰，未見所出。」原卷如圖 6 所示，末「出」字原卷倒寫在雙行注文前一行之末。本條所本玄應《一切經音義》卷一一《正法唸經》第十卷音義末句正作「未見所出」。

又 S.2071 號《切韻箋注・仙韻》諸延反「栴，栴檀，香木。」原卷如圖 7 所示，注末「木」字原卷倒書在雙行注文前行「栴」的省代符之下。

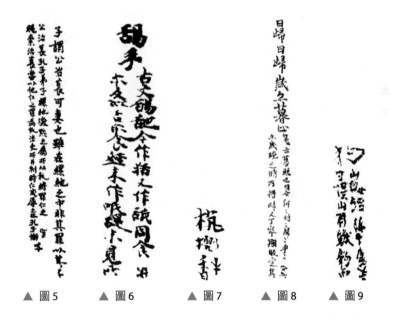

▲ 圖5　　▲ 圖6　　▲ 圖7　　▲ 圖8　　▲ 圖9

2　《唐寫本論語鄭氏注及其研究》，北京：文物出版社，1991 年，第 255 頁。

又 S.2049 號《毛詩傳箋・小雅・采薇》「曰歸曰歸，歲亦暮止」下雙行小注：「箋云：暮，晚也。曰女何時歸乎？何時歸乎？亦歲晚之時乃得歸。又丁寧瓞期，定其心也。」原卷如圖 8 所示，其中「心也」二字原卷倒寫於雙行注文前行之末。

又斯 2071 號《切韻箋注・藥韻》之爍反：「狢，《山海經》曰：隄山有獸，豹而文首，名狢。」原卷如圖 9 所示。注文末「文首名狢」四字原卷倒寫於雙行注文前行之末。

這也都是因為注文後一行所留空間不夠用而將末尾若干字倒寫在前行之末以作補救的例子。

因換行也會造成雙行注文後行所留空間不夠的情況，這時抄手只得把超出前行的文字順序分配在前後二行，以達致新的協調。如 P.2948 號《藏經音義隨函錄選抄・蓮華面經》音義有如下條目（圖 10）：

▲ 圖 10　　　　▲ 圖 11

上揭條目《高麗藏》本可洪《藏經音義隨函錄》在第玖冊第參拾肆至參拾伍張，注文中的「聚也」「耗也，惠也」「姸反」「更也」《高麗藏》本皆換行後在下行之首（圖 11），原文當校錄作：「貯畜，上豬暑反，下丑六反，聚也。」「費用，上妃沸反，耗也，惠也。」「刪兜，上所

奸反。」「迭相，上田結反，遞也，更也。」底卷改變原來的行款後，上揭條目皆抄在同一大行之內，但由於抄手未注意到祖本注文換行的情況，仍把祖本在前一大行的注文分錄在雙行注文的前後二行；及至發現底本下行仍有本條注文，這時注文後行已無空間容納，於是不得不又把它們分別接抄在雙行注文的前後二行。這樣一來注文的順序就全亂了套，顯然不是一個好辦法。於是，抄手又想出了改進的辦法。如下揭敦煌寫卷：

S.3011 號何晏《論語集解‧憲問》「子曰：孟公綽為趙、魏老則優，不可以為滕、薛大夫」集解：

孔曰公綽魯大夫趙魏皆晉卿也　家老無職故優滕薛小
家臣稱老公綽性寡慾趙魏貪賢｜國大夫職煩故不可為

又同卷下文「子曰：晉文公譎而不正，齊恒公正而不譎」集解：

馬曰伐楚以公義責苞　南征不還
茅之貢不入問昭王｜是正而不譎　（「征」原誤「逕」，據 P.2716、2597 號寫本逕正）

原卷如圖 12 所示。前例注文中間橫槓（本書排作直槓）前後原卷有一條連接線，表示原文「賢」後接讀「家」。原文當讀作：「孔曰：公綽，魯大夫。趙、魏，皆晉卿也。家臣稱老。公綽性寡慾，趙、魏貪賢，家老無職，故優。滕、薛小國，大夫職煩，故不可為。」後例橫槓前後無連接線，但亦應「王」後接讀「南」，讀作：「馬曰：伐楚以公義，責苞茅之貢不入，問昭王南征不還，是正而不譎。」這二例每條注文一行中用橫槓分作前後兩截，先讀上截，後讀下截。究其原因，也可能仍與所據底本換行處抄手抄誤有關。不過前後二截間用橫槓切分以後，注文的先後順序一般也就不致淆亂了。

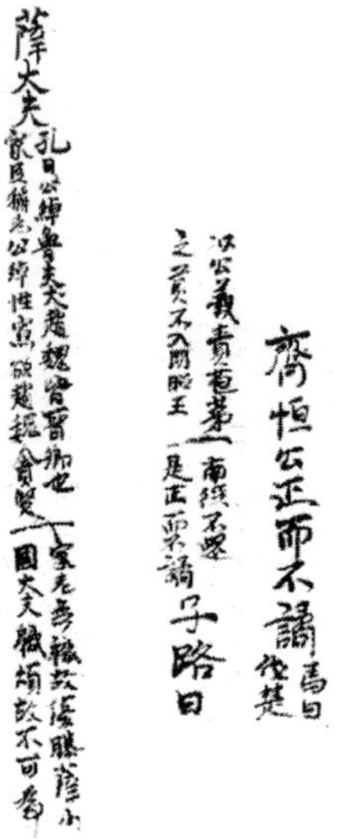

▲ 圖12 　　　　　　▲ 圖13 　　　▲ 圖14

　　又斯782號《論語集解‧先進》「（季路）曰：『敢問死。』（子）曰：
『未知生，焉知死？』」集解：「陳羣曰：『鬼神及死，其事難明，語之
無益，故不苔也。」原卷如圖13所示，雙行注文分作上下二截，「陳羣
曰鬼神及死其事難」十字在上截，中空約半格，接抄下截，大約也與
所據底本換行處抄手沒有為後行留足足夠的空間有關。上下截間因有
約半格的間距，注文的先後順序大致也還是清楚的。

　　伯2015《大唐刊謬補闕切韻》皆韻步皆反：頯^{典入蒲}^{頤來反一}。原卷如
圖14所示，費解。考故宮本王仁昫《刊謬補缺切韻》同一小韻作「頯，
曲頤。又蒲來反」。又《說文‧頁部》：「頯，曲頤也。从頁，不聲。」
「頯」字《集韻‧灰韻》以為「頯」的後起異體字。據此，上揭寫卷當
校讀作：「頯，典（曲）頤。入（又）蒲來反。一。」原卷注文作「典
入蒲來反一」者，當亦與所據底本換行處抄手抄誤有關（上揭故宮本
王仁昫《刊謬補缺切韻》雙行注文「曲頤」二字在前一行末，「又蒲來

反，四字在次行首，正在換行處）。[3]

（二）刪減字詞

當雙行注文的後一行字數過多，發生過於擁擠或所留空間不夠用的情況，如果注文末是上文所說的「出」「七」「心」「同」這樣的關鍵詞以及「云不得其時」這樣的句子，當然是少不得的，但如果後行之末為「焉」「爾」「也」這樣一類的虛詞（尤其是「也」字）及其他一些可有可無的詞，對文義並沒有太大的影響，所以抄手有時便直接省去，而不再採取其他補救辦法。如 P.2620 號何晏《論語集解・顏淵》「敢問崇德，脩慝，辯惑，集解：『孔曰：慝，惡也。修，治。治惡為善。』原卷如圖 15 所示。按 P.3192、3402 號經本同一注文前一「治」後、「善」後皆有一「也」字，底卷無此二「也」字，疑屬抄手因後行所留空間不夠而省書。阮元刻《十三經注疏》所收宋邢昺疏《論語集解》本前一「治」後有「也」字，「善」後無「也」字，可參。

又如 P.3359 號何晏《論語集解・憲問》「修己以安百姓，堯舜其猶病諸」集解：「孔曰：病猶難。」底卷如圖 16 所示。按 S.3011 號、P.2716 號經本及阮元刻《十三經注疏》所收宋邢昺疏《論語集解》本同一注文「難」下皆有「也」字。底卷無，疑為抄手後行前二字寫得過於疏朗，以致所留空間不夠，遂即省去「也」字。P.2133 號何晏《論語集解・衛靈公》「君子疾沒世而名不稱焉」注：「疾猶病也。」注文末有「也」字，可資參證。

（三）增添字詞或符號

如前所說，古書雙行注文如果前一行所抄的字數多了，後面一行就會出現較多的空白，如果抄手較早發現這一問題，那他可以通過適

3　參看《敦煌經部文獻合集》第七冊《大唐刊謬補闕切韻》校記〔三八〇〕。

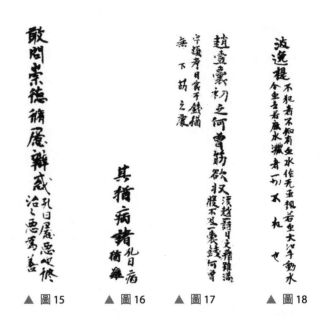

▲ 圖 15　　　▲ 圖 16　　　▲ 圖 17　　　▲ 圖 18

當拉大後一行注文文字間距的辦法來加以補救。如 S.555 號《李嶠雜詠注》「錢」詩「趙壹囊初乏，何曾筯欲收」下注：「漢趙一詩曰：文籍雖滿腹，不及一囊錢。何曾字穎考，日食萬錢，猶無下筯之處。」原卷如圖 17 所示。抄手抄至雙行注文「下筯之處」時發現注文僅剩四字，而前行相應位置有七字，於是便用拉大間距的辦法來補救。

又如北大 D168 號《戒本含注一卷》「十九用蟲水戒。若比丘知，不知不犯。水有蟲若自澆泥若澆草若教人澆者，波逸提」下注：「不犯者，不知有蟲水作無蟲想，若蟲大以手動水令蟲去，若鹿（漉）水灑者，一切不犯也。」原卷如圖 18 所示。抄手抄至注文「不犯也」時發現注文僅剩三字，而前行相應位置有九字，於是也用拉大間距的辦法來補救。

但當抄手後一行注文快抄完時才發現比前行短，後面還有較多的空白，這時拉大間距的辦法已無法奏效，於是就會採用增字以補白的

辦法。

　　同樣，如果前一行所抄的字數少了，造成後一行所留空間不夠用，以致後行超越前行，那就更加難看，這時抄手除把注文末尾若干字移寫在前行之末外，也會採用增字以補白的辦法。

　　補白添加的文字可以是虛詞，也可以是實詞，甚至可以是非字的符號，下面試分別舉例說明之。

　　1.增添虛詞

　　清楊守敬《日本訪書志補》「《古文尚書》十三卷（影日本舊鈔本）」條下云：「大抵日本古鈔本注文之末每多虛字，有不可通者，山井鼎一一校錄，阮文達《校刊記》詆之，或者遂疑古本為贗本不可信。不知皆非也。唐以前古書皆鈔寫本，此因鈔書者以注文雙行排寫，有時先未核算字數，至次行餘空太多，遂增虛字以整齊之，別無意義。故注文多虛字，而經文無有也。至宋代刊本盛行，此等皆刊落，然亦有未剗除盡淨者。如宋契玄應《一切經音義》是也。即如此書，《咎繇謨》『寬日栗』九句，七句注腳皆有『也』字，唯『柔而立，強而誼』二句無『也』字。以此二句或六字或八字，皆兩行雙齊，不煩增字也。並記於此，以釋來者之惑。光緒壬辰（1892）春楊守敬記。」[4] 日本舊抄卷子本《玉燭寶典》引《周官‧春官》「以冬至日，致天神人鬼」鄭注：「致人鬼於祖廟之也矣哉也乎也。」今見傳本《周禮》鄭注末無「之也矣哉也乎也」七字。日本學者島田翰《漢籍善本考》卷一於《春秋經傳集解》條下引此例後云：「如此七字語辭，更無意義，是恐書語辭以取句末齊整，以為觀美耳。」[5] 雙行注文「增虛字以整齊之」、「書語辭

4　　楊守敬《日本訪書志‧日本訪書志補》，瀋陽：遼寧教育出版社，2003年，第3頁。

5　　《漢籍善本考》，北京：北京圖書館出版社，2003年，第124-125頁。

以取句末整齊，以為觀美」，這是楊守敬、島田翰的一個重要發現，也是抄本古書的一條普遍規律。

就敦煌寫本而言，用以補白增添的虛詞主要有「也」「矣」「乎」「哉」「者」「之」等。如 P.2014 號《大唐刊謬補闕切韻》平聲宣韻：「鐉，所以鈎門樞也，《書》云『贖罪千鐉』，鐉重六兩。丑緣反。三。之也」原卷如圖 19 所示。又 P.5531 號《大唐刊謬補闕切韻》入聲雪韻：「拙，職悦反。不巧。九。之也」原卷如圖 20 所示。這二例注文末的「之也」二字《瀛涯敦煌韻輯》等書照錄，其實應係補白添加的虛詞，當刪。

又 S.78 號《語對》「舉薦」類「樹桃李」注文，見圖 21，與前行相比，雙行注文末句「非其人也」下尚有約五個半字的空間，故底卷於「也」字下接書「已矣也也」四字，而且後二字的間隔明顯加大，以便與前行基本對齊。這裡的「已矣也也」四字只是為補白用的，起一種整齊卷面的作用，而與文義無關，王三慶先生《敦煌類書》稱之為「補

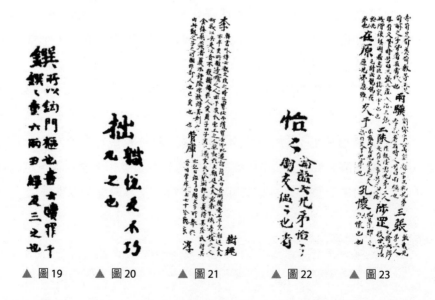

▲ 圖 19　　▲ 圖 20　　▲ 圖 21　　▲ 圖 22　　▲ 圖 23

白加添語詞常例」（811頁），校錄時可把這類補白用的虛詞直接刪去。P.2524號寫本及今本《韓詩外傳》卷七「非其人也」句下正無「已矣也也」四字，是其明證。

　　又同卷「兄弟」類「怡怡」下注文：「《論語》云：兄弟怡怡，朋友偲偲也者。」原卷如圖22所示。按《論語‧子路》：「朋友切切偲偲，兄弟怡怡。」應即上揭注文所本。注文末的「也者」二字應為補白加添的虛詞。

　　由於這些虛詞經常出現在句末，比較而言，增加它們不易引起人們的特別注意。特別是「也」字，為句末所經見，增加「也」字以補白有時簡直有一種渾然天成的感覺，所以使用得更加普遍。又如上揭類書兄弟類，見圖23，其中「三張」條、「孔懷」條注文末的「也也」當亦皆是補白添加的虛詞，後條注文P.2524號寫本作「兄弟孔懷」，可參。

　　又P.3972號何晏《論語集解‧里仁》「事父母幾諫」集解：「包曰：幾者，微也，當微諫納善言於父母也也。」原卷如圖24所示。此條注文末句S.1586號寫本及《十三經注疏》所據宋邢昺疏本無「也」字，P.2676、2904號寫本有一「也」字。

　　上述引例注文末句的「也」或「也也」大多是因為補白而加上的。但由於「也」字原本經常出現在句末，所以這種「也」字究竟是否為後加有時就不那麼好判斷了。如後一例末句的二「也」字究竟是一個後加的還是兩個都是後加的？李方《敦煌〈論語集解〉校證》此例下校云：「底本末原有二『也』字，當為妄增，以便雙行對齊，今去其一。」據P.2676、2904號寫本，「去其一」當然是有根據的；但據S.1586號寫本及邢昺疏本，是不是應該去其二呢？這又牽涉到古人抄書句末省「也」字的習慣了，我們將另撰文討論。

這種添加的虛詞有時未必是末字，也可能是末字前的一二字。如
P.2532 號《周易注・損卦》「損而有孚，元吉，無咎可貞，利有攸往」
注：「……雖不能拯濟大難，以斯而往，物無距者矣之也。」原卷如圖
25 所示。抄手抄至注文末句「距」字時發現注文僅剩一二字，而前行
相應位置有四字，於是便用拉大間距的辦法來補救；大約後來覺得「者
也」二字的間距過大，於是又在其間插入「矣之」二字（此二字字體
不同，可能出於另一人之手）。《十三經注疏》本注文無「者矣之」三
句，則底卷此三字有可能皆為補白添加。

上列補白增字皆在雙行注文的後一行末，下面再看幾個在前一行
末增字的例子。P.2618 號《論語集解・學而》「子曰：『父在觀其志，
父沒觀其行，三年無改於父之道，可謂孝矣。』」集解：「孔曰：『孝子
在喪，哀慕，猶若父存，無所改於父之道。』」原卷如圖 26 所示。注文
「哀慕」下原卷有二「之」字，李方云：「諸本均無，當係鈔者妄增以

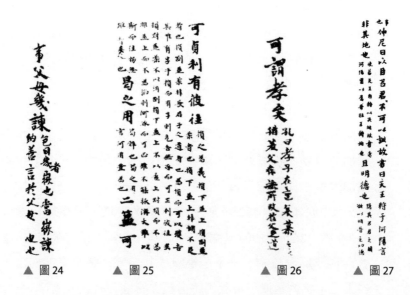

▲ 圖 24　　　▲ 圖 25　　　▲ 圖 26　　　▲ 圖 27

求注文雙行對齊。」[6] 按：注文「孔曰」至「哀慕」八字原卷在雙行注文的前一行，「猶若父存」以下十一字在雙行注文的後行，雖抄手盡力壓縮後行的字距，但仍超出前行近二字，故抄手於前行末贅加二「之」字以補白。

又 P.2509 號《春秋左氏經傳集解‧僖公二十八年》「故書曰：『天王狩於河陽。』言非其地也」集解：「使若天王自狩以失地，故書者河陽。實以屬晉，非王狩地也。」原卷如圖 27 所示。注文「者」字原卷在雙行注文前行之末，《敦煌經部文獻合集》定作為雙行對齊而添（1104頁），當是，《十三經注疏》本正無此字。

又 BD14636 號（原新字號 836）《毛詩傳箋‧大雅‧文王》「亹亹文王，令聞不已。陳錫哉周，侯文王孫子。文王孫子，本枝百世」傳箋：「亹亹，勉也；哉，載也；侯，維也；本，本宗也；枝，枝子也。箋云：令，善也；哉，始也；侯，君也。勉勉乎不倦，文王之勳，用明德也。其善聲問（聞）日見稱歌，無止時也。乃由敷恩之施，以受天命造始周國，故天下君 [之]。其子孫，適為天子，庶為諸侯，皆百世。」原卷如圖 28 所示。其中鄭箋「乃由」的「由」下原卷有一「也」字，此「也」在雙行小注前行之末，且末筆往下拖曳，後行行末較前行「由」多六字之位置，《敦煌經部文獻合集》以此「也」字為雙行對齊而添加，非原文所有，近是。

雙行注文前一行添加的文字，究竟是補白添加還是由注文後一行末尾文字移寫而來，有時頗難決斷。如上揭 BD14636 號《毛詩傳箋》例，雙行注文前行末「乃由」下的「也」字既可能是補白添加，也可能是後行「皆百世」後的句末助詞移至前行《十三經注疏》本該例鄭

6　《敦煌柂論語集解〉校證》，南京：江蘇古籍出版社，1998 年，第 35 頁注〔七四〕。

箋下正義：「既造周國，當子孫嗣之，故天下之民君其子孫為天子，庶為諸侯，皆百世也。」「皆百世」後正有一「也」字可參。又如 S.2049 號《毛詩傳箋・小雅・皇皇者華》「駪駪征夫，每懷靡及」傳箋：「駪駪眾多皃。征夫，行人。每，雖也；懷，和。箋云：《春秋外傳》曰：懷思為每懷。和當為〔私〕。眾行人既受君命，當速行，〔使〕每人懷其私相稽留，則於事將無所及。」原卷如圖 29 所示。其中雙行注文前一行末「眾行人」下有一個倒書的「者」字，起雙行對齊的作用，但這個「者」字是補白添加（P.2514 號寫本及《十三經注疏》本皆無「者」字），

還是由注末文字移寫而來（《敦煌經部文獻合集》定作注末文字，末句讀作「則於事將無所及者」），頗難決斷。

2.增添實詞

雙行注文因補白添加虛詞，由於這些虛詞經常出現在句末，容易混同為原文的一部分，但抄手的本意其實並非如此，而只是希望添加的文字起一種補白的作用（有的補白文字寫卷又特意標注刪字符號，可以為證），達到「整齊」「觀美」的效果。如果真是這樣，增添與文意無關的實詞不至於被誤解作原文的一部分，效果反倒比增添虛詞要好得多。如王素所舉吐魯番出土卜天壽《論語鄭氏注》寫本的例子：

（1）命夫子使製作法度
　　　以號令於天下　　下（八佾篇「天將以夫子為木鐸」句下注）

（2）子 產 鄭 大
夫公孫僑小（公冶萇篇「子謂子產有君子之道四焉」句下注）

（3）甯武子衛大夫
甯俞之諡也小（公冶萇篇「子曰：甯武子邦有道則智，邦無道則愚」下注）

原卷如圖 30 所示，其中雙行注文末的「下」「小」都是補白添加的實詞。王素指出：「後二例，原本前行字與字間距較開，後行字與字間距較密，顯得不整齊，所以需要增字。『下』和『小』都是筆劃非常簡單的字。」[7]

我們再看敦煌寫本中的例子。P.2486 號《春秋穀梁傳集解・哀公九年》「宋皇瑗帥師取鄭師於雍丘。取，易辭也。以師而易取，鄭病矣」雙行注文：「以師之重，而宋以易得之辭言之，則鄭師將劣矣。」原卷如圖 31 所示。注文末「矣」下寫卷原有「病」字，即為補白而添，《十三經注疏》本正無此字。

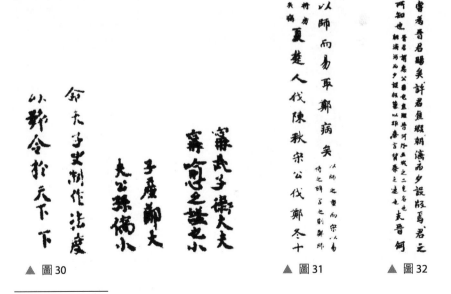

▲ 圖 30　　　　　　　　▲ 圖 31　　　▲ 圖 32

7　王素《唐寫本論語鄭氏注及其研究》，第 256 頁。

　　又 P.2509 號《春秋左氏經傳集解・僖公三十年》「且君嘗為晉君賜矣，許君焦、瑕，朝濟而夕設版焉，君之所知也」雙行注文：「晉君，謂惠公也。焦、瑕，晉河外五城之二邑名也。朝濟河而夕設版築以距秦，言背秦之速也。」原卷如圖 32 所示。注文「名也」二字原卷在雙行小注的前行之末，《十三經注疏》本無此二字，《敦煌經部文獻合集》校記謂「名」字當是衍文（1106 頁）。竊謂此「名」或「名也」二字亦有可能為補白添加。

　　憑空添補一個與文意無關的實詞，不明就裡，就會造成衍誤。為免誤解，所以抄手有時會特意在補白字右側標注刪字符號。如上揭 S.618 號何晏《論語集解.微子》「惡訐以為直者」集解：「孔曰：『訐，謂功（攻）發人之陰和（私）唯也。』」其中的「唯」字右側原卷有一頓形刪字符（圖 33-1）[8]，即指此字係補白添加，非原文所有。

▲ 圖 33-1 　　　　　　　　　　　　　▲ 圖 33-2

8　用一頓點作為刪字符，敦煌寫本中經見，詳見拙作《説「卜煞」》，《文獻》2010 年第 4 期。

　　又同卷「且而與其徒（從）避人之士，豈若從避世之士哉」集解：「士有避人之法，有避世之法。長沮、桀溺謂孔子為士，從避人之法。魯」又「天下有道，丘不與易也」集解：「言凡天下有道者，丘皆不與易也，己大而人小故魯也。」又「遇丈人以杖荷蓧」集解：「包曰：丈人，老者也。蓧，竹器名。魯」又「使子路反見之。至，則行矣」集解：「孔曰：子路反至其家，丈人出行不在也。魯」其中的「魯」字右側原卷亦皆有一頓形刪字符（圖33-2），指此字係補白添加，非原文。

　　這些補白增加的實詞，有的也許與原文毫無關係；有的則可能是上下文已經出現過的字詞，如上文所舉補白的「下」、「唯」。又如S.618號《論語集解・微子》「吾非斯人之徒與而誰與」集解：「孔曰：吾自當與此天下人同羣，安能去人徒（從）鳥獸居？」」原卷注文末「居」下補白添加「天下有」三字，而「天」之右上角有一「ㄱ」形刪除符（圖34-1）[9]。又下文「子路曰：不仕無義」集解：「鄭曰：『留言以〔語〕丈人二子。』」原卷注文末「子」下補白添加「長幼之」三字，而「長」字右上角有一「ㄱ」形刪除符（圖34-2）。又下文「長幼之節，不可廢也；君臣之義，如之何其可廢也」集解：「孔曰：『言汝父子相養不可廢也，反可廢君臣之義邪？』」原卷注文末「邪」下補白

▲ 圖34-1 　　　▲ 圖34-2

9　「ㄱ」形用作刪除符敦煌寫本中亦經見，詳見拙作《說「卜煞」》。

添加「欲潔其也」四字，而「欲」字右上角有一「ㄱ」形刪除符（圖34b）。這些補白添加的短語大抵源自下文接抄的經文。[10]

3.增添符號

增添字詞來補白，優點是看起來比較整齊，容易蒙人；缺點是補白的字詞易於混入正文，導致衍誤。為避免這一缺陷，古人有時也採用符號來補白。如 P.2669 號《毛詩傳箋‧大雅‧文王》「王之藎臣，無念爾祖」傳箋：「藎，進也。無念，念也。祖，先祖。牋云：今王之——進用臣，當念汝先祖之法為之。今王，斥成王。」又同卷《大明》「殷商之旅，其會如林。矢於牧野，維予侯興」傳箋：「旅，眾也。如林，言眾而不〔為〕用也。矢，陳也；興，起也。言天下之望周。牋云：殷盛合其兵眾，——陳於商郊之牧野，而天乃以予諸侯有德，當起為天子者。言天去紂，與周師勝。」又同卷《皇矣》「維此王季，因心則友。則友其兄，則篤其慶，載錫之光」傳箋：「因，親也。善兄弟為友。慶，善也；光，大也。牋云：篤，厚也；載，始也。王季之心，親親而友善於宗族，尤善於兄太伯，乃厚明——其功美，始使之顯著也。太伯以讓為功美，王季能厚明之，使傳世稱之，亦其德。」原卷如圖 35 所示。其中的「——」原卷長短略異，都在雙行注文的前一行末，因注文後行末尾超出前行二至四字故於前行末添加「——」號以補白。

又吐魯番出土文書卜天壽《論語鄭氏注‧公冶長》「子曰：熟（孰）謂微生高直」注「微生高，老仁（人），功（贛）直一也。」原卷如圖 36 所示。注文前行五字，後行僅三字，抄手抄畢「直」後發現前行相

---

10 上揭各例郝春文謂係抄寫者有意將下句經文抄入註釋，以使注文雙行對齊，而用符號表示這些字應不讀，甚是。郝春文主編《英藏敦煌社會歷史文獻釋錄》第三卷，北京：社會科學文獻出版社，2003 年，第 401 頁校記〔七四〕、〔八一〕、〔八四〕。

應位置有三字，遂於「直」與末「也」字間加「—」號以補白。

　　又伯 2011 號《刊謬補缺切韻》沒韻諾骨反：「肭，膃肭。亦作呐，或內。又知（奴）劣反。」注文「亦作」下原卷有「ﺍﺍ」形符號（圖37），當係抄手補白添加。蓋原卷「膃肭亦作」四字在前行，而「呐或內又知劣反」七字在後行，雖抄手有意壓縮後行文字的間距，但還是比前行向下多拉長了兩個字的空間，顯得不美觀，故抄手又在前行注文下添加一「ﺍﺍ」形符號以補白。《敦煌掇瑣》作缺字符「□」，《瀛涯敦煌韻輯》等書照錄「ﺍﺍ」，蓋皆未明其功用。[11]

　　又 P.2529 號《毛詩傳箋・唐風・小戎》「厭厭良人，袟袟德音」傳

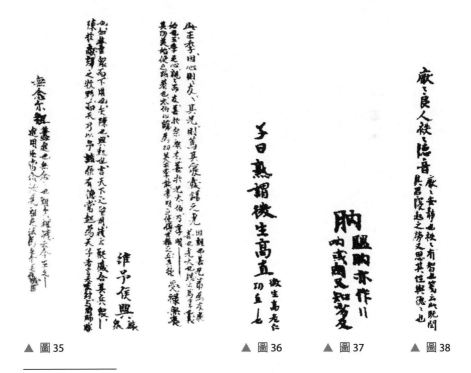

▲ 圖 35　　　　　　　　　　▲ 圖 36　　▲ 圖 37　　▲ 圖 38

11　龍宇純《唐寫全本王仁昫刊謬補缺切韻校箋》（香港中文大學，1979 年）以為「亦作□呐或內又知劣反」當在上條「訥」字下，底卷誤置，近是。

箋：「厭厭，安靜也。秩秩，有智也。箋云：此既閔其君〔子〕寢起之勞，又思其性與德乚也。」原卷如圖 38 所示。《十三經注疏》本無末「乚也」。「乚」必應為補白添加的符號。「也」字則可有可無，是否為原書所有還可斟酌。

比較而言，用符號補白不會混入正文；但符號和文字畢竟有區別，補入後恐未必能達到抄手「齊整」「觀美」的初衷。

二

周祖謨先生在談到宋《磧砂藏》本玄應《一切經音義》與清莊炘校刻本的異同時，曾舉出《磧砂藏》本卷十七《出曜論》第一卷「呞嗽」條音義「《通俗文》含吸曰欶之也」，指出清莊炘校刻本無「之也」二字[12]。導致這異同的原因及其是非，周先生未作評論。其實《磧砂藏》本的「之也」二字，乃補白添加的文字[13]，莊本無此二字是正確的。由於種種原因，抄本古書使雙行注文齊整化的努力，在刻本古書中也仍有或多或少的遺存。

仍以《磧砂藏》本玄應《一切經音義》為例。該書卷六《妙法蓮華經》第二卷音義：「珍玩，古文貦，同，五喚反，《字林》：玩，弄也。《廣雅》：玩，好也。《尚書》：玩人喪德，玩物喪志。孔安國曰：以人為戲弄則喪其德，以物為戲弄則喪其志。經文翫習之翫，非體。」原本注文作雙行小字，另起一行後「安國曰」以下十四字在前行，「為戲弄則喪其志」以下十五字在後行，Φ.367 號同一音義寫本及《高麗

12 周祖謨《校讀玄應一切經音義後記》，《問學集》，北京：中華書局，1966 年，第 195 頁。

13 《磧砂藏》本玄應《一切經音義》「嗽」條音義原文作：
古文嗽又作啖同于盍反通俗文入口曰呞下又作
欶同山角反三蒼欶吮也也通俗文含吸曰欶之也。「之也」二字大約就是刻工或其底本的抄手因雙行注文的字數沒有協調好補白添加的。

藏》本、《金藏》廣勝寺本注文作大字單行，「喪其志」與「非體」後皆有「也」字，「經文」後有「作」字，義長。《磧砂藏》本無此三字，蓋刻工為與前行大致對稱，而又不想再另起一行，故刪去三字。

——這是刪減字詞以使雙行注文齊整化。

又同卷下文：

綩綖　諸經有作蜿蟺二形字林一遠反下三蒼以旃反相承云坐褥也未詳何語立名耳之也

注末「之也」二字應為補白添加，Φ.367 號玄應《一切經音義》寫本及《高麗藏》本、《金藏》廣勝寺本注文作大字單行，本條正無此二字。《叢書集成初編》本亦無。

又同卷下文：

覆苫　字林舒鹽反茅苫也尒雅白蓋謂之苫李巡曰白蓋編之以覆屋曰苫之也

注末「之也」的「之」字《叢書集成初編》本亦有，應為補白添加。本條《磧砂藏》本雙行注文前行十四字，後行十五字，但因後行「以覆屋曰苫」五字間距較小，寫畢「苫」時反而較前行空出二格，遂於「也」前補白添加一「之」字。Φ.367 號玄應《一切經音義》寫本及《高麗藏》本、《金藏》廣勝寺本注文作大字單行，本條正無此「之」字。慧琳《一切經音義》卷二七引李巡注作「白蓋編之以覆屋曰苫」，無末「之也」二字，可參。

又同卷下文：

椽桷　力語反方言屋桷謂之檐郭璞即屋檐也亦呼為連櫋亦名榱說文桷榱通語也榱音毗之也

注末「之也」二字應為補白添加，Φ.367 號玄應《一切經音義》寫本及《高麗藏》本、《金藏》廣勝寺本正無此二字。《叢書集成初編》

本作「也」一字，乃補白字刪而未盡者。

——這是增添字詞以使雙行注文齊整化。

古書舊刻本這種雙行注文齊整化的現象，既可能是刊版時刻工為補白所加，也有可能是沿襲自其底本（某一古寫本），並且以後一種可能性為大。因為刊版時刻工大抵是有底本為據的（至於底本的衍誤，刻工未必能發現並加以糾正），而且作為一種職業，刻工也有更多的時間從容計算注文的字數，並嚴密控制字的間距，而不至於像抄手那樣常常匆促急就以致雙行注文參差不齊。

了解古書雙行注文抄刻齊整化的事實，不但可以幫助我們正確校讀古代寫本，而且可以據以糾正刻本中的一些錯誤。先看寫本。

例一，P.2494 號《楚辭音》殘卷（圖 39-1）：其中的「同」字原卷是倒寫的，有一位著名學者把注文讀作「好，同耗」，大誤。其實原文當讀作「耗音。注同」。試比較同卷下文又出現了四次的「好，耗音」的直音（圖 39-2），就不難得出結論。上例是為《離騷》「好蔽美而嫉妒」句注音，王逸注云「言時世君亂臣貪，不別善惡，好蔽美德，而嫉妒忠信也。」大概注音者開始只注意到正文的「好」，而沒有想到王逸注中也有一個「好」字，故開始只考慮到「耗音」二字的布局，而沒有預留足夠的空間，及至發現王逸注中的「好」字的讀音也需交代，只好把「注同」的「同」字倒寫在前行之末作為補救。

例二，S.618 號何晏《論語集解‧微子》「滔滔者天下皆是也，而誰〔以〕易之」集解：「孔曰：『滔滔者，周流之皃。言當今天下治亂同，空舍此適彼，故曰而誰以易之。」注文末原卷有「政」字（圖40），乃補白所加，《十三經注疏》本及《史記‧孔子世家》裴駰《集解》引、皇侃《論語義疏》正無此字。《英藏敦煌社會歷史文獻釋錄》

▲ 圖 39-1　　▲ 圖 39-2

第三卷照錄「政」字讀末句作「故曰而誰以易之政」[14]，非是。

　　例三，《敦煌掇瑣》錄伯 2011 號王仁昫《刊謬補缺切韻》模韻則胡反：菹^{茅藉□□}_{封諸侯菹}。其中的缺字《瀛涯敦煌韻輯》、《唐五代韻書集存》等書同，查原卷，如圖 41 所示，缺字處本有倒寫的「以茅」二字，乃注末文字抄手為雙行對齊而倒書於前行之末者，原文當校錄作「菹，茅藉。封諸侯，菹以茅」，故宮本《刊謬補缺切韻》「菹」字注文正作「茅藉。封諸侯，菹以茅」可證。各家不達其例，不明「以茅」二字乃倒文，故不能識其字。

▲ 圖 40 　　▲ 圖 41

　　再看刻本。仍以玄應及慧琳《一切經音義》古刻本為例。

　　例四，《磧砂藏》本玄應《一切經音義》卷六《妙法蓮華經》第二卷音義：

適其^{尸亦反三蒼適悅也謂稱適也廣雅}_{曰適善也謂事物善好稱人心之也}

　　Φ.367 號寫本及《高麗藏》本、《金藏》廣勝寺本玄應《一切經音義》注文皆作大字單行，該條作：「適其，尸亦反，《三蒼》：適，悅也。謂稱適也。《廣雅》：適，善也。謂事物善好稱人心也。」「心」後無「之」字。Дx.10149 號玄應《一切經音義》殘片該條注文存「人心也」三字，則「心」後應亦無「之」字。又慧琳《一切經音義》卷二七大乘基撰、慧琳再詳定《妙法蓮花經・譬喻品》音義該條作：

14　郝春文主編《英藏敦煌社會歷史文獻釋錄》第三卷，第 395 頁。

適其^{上尸赤反三蒼適悦也謂稱適耳廣}
雅適善也謂事物善好稱人心也

末句亦無「之」字。有「之」者應為補白添加。玄應《一切經音義》卷一四《四分律》第三卷音義：「適意，尸亦反，《廣雅》云：適，善也。謂事物善好稱人心也。」又同書卷一七《俱舍論》第二十一卷音義：「適心，尸亦反，《廣雅》：適，善也，謂善好稱人心也。」可資參證。而《叢書集成初編》本末句作「謂事物善好稱人心志也」，「之」字作「志」，疑校刻者不明其底本「之」為衍字，以其義不可通，遂臆改為「志」，實屬大謬。

　　例五，《磧砂藏》本玄應《一切經音義》卷六《妙法蓮華經》第二卷音義：

自鄙^{補美反又廣雅云羞}
愧鄙恥之也乎矣也

　　注文中的「之也乎矣」四字當係傳刻者補白添加。Φ.367號寫本及《高麗藏》本、《金藏》廣勝寺本玄應《一切經音義》本條作：「自鄙，補美反，《廣雅》：羞、愧、鄙，恥也。」所引《廣雅》慧琳《一切經音義》卷二七引與後者同，亦與今本《廣雅・釋詁》相合（唯今本《廣雅》「愧」作「媿」），正無此四字。《叢書集成初編》本「恥之也乎矣也」作「恥之兒也」，蓋以「之也乎矣也」語有衍誤而改，實未達一間。

　　例六，《磧砂藏》本玄應《一切經音義》卷六《妙法蓮華經》第二卷音義：

四衢^{巨俱反介雅路四達謂之衢郭璞曰交道四出者也釋名道四達曰}
衢齊魯謂四齒杷為欔欔杷地則有四處此道似之因以名焉之也

　　注文末「之也」二字疑為傳刻者補白添加，Φ.367號寫本及《高麗藏》本、《金藏》廣勝寺本玄應《一切經音義》本條作：「四衢，巨俱反，《介

疋》：路四達謂之衢。郭璞曰：交道四出者也。《釋名》云：道四達曰衢，齊魯謂四齒杷為櫃，櫃杷地則有四處，此道似之，因以名焉。」Дx.10090 號玄應《一切經音義》殘片末句亦作「因以名焉」，皆無「之也」二字。《叢書集成初編》本末句作「因以名之也」，當係據已經添加了虛詞的「因以名焉之也」句刪削而成，該刪的未刪，不該刪的卻被刪去了，可謂顛倒甚矣。

　　例七，《磧砂藏》本玄應《一切經音義》卷十三《燈指因緣經》音義：

啽然　又作噷同口愧反説文大息也論語
　　　顏淵啽然歎曰何晏曰嘆聲之也

慧琳《一切經音義》卷五七引注文末四字作「嘆而聲也」，「之」「而」當皆為補白添加。《叢書集成初編》本玄應音義注文「語」字移至下行，末句作「嘆聲也」[15]，是也。P.2901 號玄應《一切經音義摘抄》該條作「啽然，又作噷，《説文》大息，嘆聲」，可參。徐時儀校注本慧琳《一切經音義》「嘆而聲也」句失校[16]。

　　例八，上海古籍出版社影印日本獅谷白蓮社翻刻高麗本慧琳《一切經音義》卷五七引玄應《一切經音義》第十三卷《燈指因緣經》音義：

磬竭　古文窒同可定反説文器中空也爾雅磬盡也經　（「石」當據玄應音義作「磬」）
　　　文作石樂器名也古者毋句作磬非此義古文云

徐時儀校：「古文云」三字玄應《一切經音義》卷十三釋此詞無，

15　《金藏》廣勝寺本玄應《一切經音義》本條脫「《論語》顏淵啽然歎曰何晏曰」十一字，但末句亦作「嘆聲也」，無「之」字。

16　《一切經音義三種校本合刊》，上海：上海古籍出版社，2008 年，第 1519 頁。

疑衍。[17] 今按：「古文云」三字乃傳刻者補白添加，傳本玄應《一切經音義》無此三字是也。

例九，同上書卷二六《大般涅槃經》第十三卷音義：

蟲䏲　七余反通俗文云肉中蟲三蒼蠅乳肉中也經文作蛆子余反莊子云蝍蛆甘蠆謂其公也又作疽久癰也此後二並非經義也云云也

注文末的「云云也」三字或「也云云也」四字當是補白添加的虛詞。Φ.230 號玄應《一切經音義》節抄本卷二該條下云：「〔經文〕有作蛆，蛆，子餘反，即蝍蛆也。又作疽，疽，久癰也。並非此義。」句末無「也云云也」四字，可證。又玄應《一切經音義》卷二同一條注文後半云：「經文作蛆，子余反，蝍蛆也。又作疽，久癰也。二形並非此義。」可資參證。徐時儀校注本慧琳《一切經音義》上例末十一字錄作「此後二並非經義也，云云也」[18]，失校。

例十，同上書卷三〇引玄應《佛說阿惟越致遮經》下卷音義：

𤍜煮　古文憊𤍜二形又作㷂同扶逼反方言憊火乾也說文以火乾肉曰憊經文作焟連古反火行也非此義者也

注文末的「者也」二字亦應為補白添加的虛詞。S.3538 號敦煌寫本及《高麗藏》本、《磧砂藏》本、《叢書集成初編》本玄應《一切經音義》卷七該條之末皆無「者也」二字，可證。徐時儀校注本慧琳《一切經音義》照錄「者也」二字[19]，失校。

例十一，同上書卷五七引《摩訶迦葉度貧女經》玄應音義：

米潘　敷袁反蒼頡篇云泔汁也說文潘淅米汁也江北名泔江南名潘經文而作之糟非此也

17　《一切經音義三種校本合刊》，第 1527 頁校勘記〔四五〕。

18　《一切經音義三種校本合刊》，第 950 頁。

19　《一切經音義三種校本合刊》，第 1034 頁。

注文末「經文而作之糯非此也」中的「而」「之」「此」三字當係慧琳
所據玄應《一切經音義》底本補白添加。P.2901 號玄應《一切經音義摘
抄》及《高麗藏》本、《磧砂藏》本等傳本玄應《一切經音義》卷一三
正無此三字。徐時儀校注本慧琳《一切經音義》照錄此三字 [20]，失校。

參考文獻

（日）島田翰《漢籍善本考》，北京：北京圖書館出版社，2003 年，第 124-127 頁。

劉復《敦煌掇瑣》，北京：中央研究院歷史語言研究所專刊之二，1925 年。

姜亮夫《瀛涯敦煌韻輯》，上海：上海出版公司，1955 年。

王素《唐寫本論語鄭氏注及其研究》，北京：文物出版社，1991 年，第 253-257 頁。

李方《敦煌〈論語集解〉校證》，南京：江蘇古籍出版社，1998 年。

王三慶《敦煌類書》，高雄：麗文文化事業股份有限公司，1993 年。

郝春文主編《英藏敦煌社會歷史文獻釋錄》第三卷，北京：社會科學文獻出版社，
2003 年。

張涌泉主編《敦煌經部文獻合集》，北京：中華書局，2008 年。

（原載《敦煌吐魯番研究》第 12 卷，
上海：上海古籍出版社，2011 年）

20　《一切經音義三種校本合刊》，第 1520 頁。

第五編　校讀論

壹

敦煌文獻校勘方法例釋

關於古書校勘的方法，近人陳垣謂其法有四：

日對校，以祖本相對校也；日本校，以本書前後互校也；日他校，以他書校本書也；日理校，不憑本而憑理也。[1]

這四種方法，是陳氏根據前人的校勘實踐所作出的理論概括，也是古書校勘的不二法門。敦煌文獻的校勘捨此亦別無它途。下面我們就按這四種方法舉例說明如下。

一、對校

所謂對校，就是用同一部書的不同本子來對勘。其法是先選擇一個適當的底本，然後再用其他異本逐字逐句來對勘。

1　《通鑑胡注表微・校勘篇》，北京：中華書局，1962 年，第 37 頁。

　　選擇什麼樣的本子作底本，是根據校勘的目的來決定的。我們校勘敦煌文獻的目的是要恢復原書的本來面貌，做成像標點本二十四史那樣的「定本」，使之成為各個學科都可以放心使用的材料。鑑此，校勘的底本就以選擇較為完整和錯誤較少為合宜。如敦煌文獻中有《開蒙要訓》寫卷達六十七件之多，經整理綴合得四十三卷，其中首尾俱全者五件，即 P.2578、3610、2487、3054、3875A 號，其中 P.2578 號首尾均題「開蒙要訓一卷」，末題後有題記「天成四年九〔月〕十八日燉煌郡學仕郎張▨▨書」，最為完備，抄寫也比較規整，錯誤較少；而且該卷部分文字右側或右下方有小字直音，為其餘首尾俱全的四件所無，故我們選取 P.2578 號為底本。又如敦煌文獻中有《字寶》寫卷八件，經整理綴合得五卷，即 S.6204 號、P.2058 號、P.2717 號＋Дx.5260 號背＋Дx.5990 號背＋Дx.10259 號背、P.3906 號、S.619 號背，其中 P.3906 號、S.6204 號最為完整（後者卷端序文略有殘缺），故校勘底本可在此二卷中選擇其一；S.6204 號寫卷分作上下兩欄，平上去入四部分每部分按先上欄、後下欄的順序抄寫，這種格式應為原書的本來面目（P.2717 號＋Дx.5260 號背＋Дx.5990 號背＋Дx.10259 號背與 S.6204 號略同）；P.3906 號每行抄三條或四條（P.2058 號、S.619 號背更是各條接抄不分），抄手蓋據底本按行順序接抄，改變了原本上下兩欄的格局，於是就徹底打亂了原書的格局，並由此造成了一些混亂。如該書的一個重要體例是「傍通列之」，即把音同音近（有時義亦相近）的詞條抄列在一起（後一條常用「又」、「同前」、「同上」等語詞與前一條聯通），這些「傍通」的詞條 S.6204 號及 P.2717 號＋Дx.5260 號背＋Дx.5990 號背＋Дx.10259 號背總是抄在同一欄；而 P.3906 號、P.2058 號這些詞條往往被另一音義無關的詞條相間隔，原本「傍通」的詞條也就變得不「傍通」了。我們校勘的目的是要恢復原書的本來面貌，所以只能選擇離原貌最為接近

的 S.6204 號為底本。否則，假如我們選擇背離了原貌或不太完整、錯誤很多的本子作底本，經常需要據異本糾正底本的錯誤，會增加很多校記，徒增枝節，讓讀者不勝其煩。

　　在選用底本的同時，還必須廣泛地搜求對校本。所謂對校本，就是用來和底本對勘的其他本子。底本外如果只有一個其他本子，對校起來自然比較簡單，但不少敦煌文獻往往有數量眾多的異本，對這些眾多的異本，校勘時不能不分好壞地羅列異同，而必須認真加以分析研究，在弄清各個本子的淵源遞嬗關係的基礎上，盡量把那些關係最為接近或文句基本相同的本子列在一起。如敦煌文獻中有《黃仕強傳》12 號，綴合後得十卷，其中 P.2136 號以第一人稱「厶」之口吻描述冥間所歷之事，與其他各本文句迥異，故宜另本校錄。其餘九卷根據用字情況可分成甲、乙、丙三個系統：系統甲包括浙敦 26 號、大谷大學藏品、P.2186 號、Дx.4792 號＋北.8290（陽 21）號、P.2297 號五卷，該系統各本多有首題「黃仕強傳」，而無尾題，文中有「威儀服飾」、「家內燋然，不能得三卷」等句。系統乙包括上圖 84 號、中村不折藏本、Дx.1672＋Дx.1680 號三卷，該系統各本完整者首尾皆題「黃仕強傳」，文中有「羽儀服飾」、「家內燋剪不得三卷」等句。系統丙僅北 291（淡58）號一卷，首殘尾全，無尾題，文中有「家內燋煎，不能寫得三卷」句。據此特點，我們選擇內容完整、字體精美的浙敦 26 號為底本，順序以甲系統其餘各本及乙、丙系統各本為對校本。又如上揭《開蒙要訓》的四十餘個異本，Дx.19083＋P.3243 號殘卷部分文字下有旁註字（包括注音、釋義、校異以及對原卷殘泐文字的抄補等），是除底本外另一個有注的本子，可與底本互勘，故我們列之為甲本；接著按完整度及文字優劣，以 P.3610、2487 號、S.5431 號、P.3054、3875A 號等十個卷子為對校本，以乙、丙、丁、戊、己等次之；剩餘的本子則按其

所存文句先後為序擇要出校。

　　對校本當然是越多越好。雖然對校本的價值是不一致的，但即便是那些看起來品質較差或習字的本子，往往也有它的可取之處。如P.3416 號《千字文》：「恬筆倫紙，鈞巧任釣。釋紛利俗，並皆佳妙。毛施淑姿，工顰研笑。」其中的「鈞」字 S.3835、5592 號等本同，S.5454 號及 P.3108、4066 號等本作「釣」，唯 S.5787 號背《千字文》習字（圖 1）及 P.3561 號《真草千字文》等少數本子作「鈞」，今傳智永《真草千字文》（據湖南美術出版社 2006 年影印日本小川簡齋舊藏本）亦作「鈞」，「鈞」字是，當據正。日本大阪上野淳一氏藏弘安十年（1287）寫本《注千字文》「鈞巧任釣」注：「晉人馬鈞大巧，綾文機本五十六躡，鈞改十二躡，文章不異……任公子善釣，蹲於會稽，投餌東海，得大魚焉。」可證。又「顰」字 S.5454、3835 號、P.3108 號等卷同，唯 S.5787 號背《千字文》習字及 P.3561 號《真草千字文》作「嚬」，今傳智永《真草字千文》亦作「嚬」；按「嚬」謂蹙眉（《説文》作「顰」），「嚬」字是也。S.5787 號背所抄《千字文》不過區區十六字，

▲ 圖 1　S.5787 背《千字文》習字

卻可據以糾正其他本子的兩處錯誤，我們固不能因其為習字而加以忽視也。所以對校本的蒐集是越全越好，而且所有敦煌文獻中的異本都應納入我們對校的視野之內。

　　除敦煌寫本外，有的書傳世文獻中亦有刻本留存，當然也應取作校勘之資。如北6447（陽62）號《大般涅槃經》卷二六：「諸獵師純以糊膠置之案上，用捕彌（獼）猴。」又云：「糊膠者，喻貪慾結人。」查《中華大藏經》影印《金藏》廣勝寺本《大般涅槃經》「糊」字作「貕」；玄應《一切經音義》卷二引亦作「貕」，云「貕膠，敕支反，《廣雅》：貕，粘也。《字書》木膠也。謂粘物者也」。「貕」字與經文文意正合。據此，「糊」當即「貕」的換旁俗字。《漢語大字典》載「糊」字，音lí，義項一為「熬米壞」，義項二為「粘」，後一義項下引明方以智《物理小識》卷九：「金漆椑漆之外，有貓頭刺汁以糊雀，雞腸草汁以黏蟬。」其實後一義項的「糊」也正是「貕」的俗字，《漢語大字典》讀作lí音，非是。

　　又如敦煌文獻中共有唐釋玄應《一切經音義》大大小小寫本四十一件，該書傳世文獻有多種完整的刻本留存，如《高麗藏》本、《金藏》本、《磧砂藏》本、明《永樂南藏》本、清《海山仙館叢書》本（《叢書集成初編》據此本影印），等等，敦煌寫本是該書現存最早的傳本，確有大量優勝之處可據以糾正刻本之誤的，但也有一些錯誤是得藉助於傳世刻本來糾正的。如Φ.230號玄應《一切經音義》卷二《大般涅槃經》第十四卷音義：「因鑽，子丸反，又子亂反，《說文》云：鑽，可以用穿物。經多作攢，非義也。」注文「可以用穿物」刻本皆作「所以用穿物者也」，慧琳《一切經音義》卷二六釋雲公《大般涅槃經》音義引《說文》同，底本「可」當據刻本校作「所」，今本《說文》「鑽」字注「所以穿也」，可證。所以我們在校理敦煌文獻時，校記中既要反

映敦煌本的優長之處，同時也應實事求是地指出敦煌本的不足甚至疏誤。

　　選好了底本和對校本，校勘工作當然也就可以開始了。但校勘時並不需要把底本和對校本的差異統統在校記中加以反映，而只需擇要出校。一般可掌握以下原則：凡底本不誤而他本誤者，一般不出校記；底本中明顯的錯誤，可直接改訂原文，並出校說明所據及理由，但如果是一般的手寫之異，如「己」「已」「巳」混同、「扌」旁「木」旁淆亂之類，可徑據文意錄定，不出校記；義可兩通、不能斷定是非者，在校記中加以說明。對那些對校本眾多的文獻，尤其要注意校記的提煉，否則鉅細靡遺，眉毛鬍子一把抓，昏人耳目，讓人不得要領。

　　運用對校法，必須注意到許多古書（尤其是先秦古籍）在流傳過程中不斷累積的特點。有些典籍初始時往往比較簡單粗糙，在後來的長期流傳過程中，不斷得到豐富和完善，直至最後編定。這種定本和當初的「原本」以及流傳過程中的種種傳本之間，無論是字句還是思想內容都會有很大的出入，這裡既有師承傳授不同的原因，也有文字語言甚至思想內容不斷被「當代化」的原因。對這種相互間出入較大的異本，我們在對校時既要注意到流傳訛變的因素，也要考慮到不同時代的烙印，而不能是此非彼，強求一律。

　　對校法的優點在於一切發現和改正的錯誤都有版本上的依據，從而可以避免主觀臆斷的錯誤；校者羅列各本異同，編為校記，讀者手此一編，可知各本之本來面目，而且有利於溝通異文間的字際關係。如北6487（闕25）號《大般涅槃經》卷三二：「不修心者，不能觀心輕躁，動轉難捉難調，馳騁騎逸如大惡象。」其中的「騎」字S.6705號同，北6488（露86）號、S.4756號及《金藏》廣勝寺本作「奔」。按《玉篇·馬部》：「騎，百昆切，馬走兒。」《漢語大字典》等大型字典「騎」

字音義略同。而據上揭佛經異文，我們可以推知「骍」實即「奔」的增旁俗字。P.2172 號《大般涅槃經音》云：「骍逸，上奔。」「骍」字直音「奔」，是佛經音義中常見的以正字注音之例，可以參證。又如 S.2869 號《大般涅槃經》卷三一：「如刈莽草，執急則斷。」其中的「莽」字 S.4382 號同，S.6718 號及《金藏》廣勝寺本作「菅」。P.2172 號《大般涅槃經音》卷三一：「莽，奸，或作菅。」玄應《一切經音義》卷二、慧琳《一切經音義》卷二六《大般涅槃經》該卷音義俱出「菅草」條，云「菅」字經文作「薍」，薍，香草也，薍非經義。據此，我們可以推知「莽」乃「薍」的俗字（猶上引 P.2172 號《大般涅槃經音》注音字「奸」為「姦」的俗字）；「薍」「菅」音同，古多相亂。而現今通行的《漢語大字典》等大型字典類皆未能溝通「薍」與「莽」的正俗異體關係，「薍」與「菅」的同音混用關係亦多含混不清。

二、他校

所謂他校，就是用其他書來比勘。古人著書立說，其內容有採自前人者，則可以前人之書校之；其內容有為後人所引者，則可以後人之書校之；其內容有為同時之書所並載者，則可以同時之書校之。

（一）取前人之書以校

如 S.1441 號《勵忠節鈔・政教部》：「孔子云：入其境，其政（教）可知也。若溫柔敦厚，《詩》教也；若流通知遠，《書》教也；若廣情易良，藥（樂）教也。」按《禮記・經解》：「孔子云：入其國，其教可知也。……其為人也，溫柔敦厚，《詩》教也；疏通知遠，《書》教也；廣博易良，樂教也。」應即上揭引文所本。王三慶《敦煌類書》據以校「政」字「藥」字（182、604 頁），甚是。又「流通」亦當據以校

作「疏通」，「廣情」當據以校作「廣博」[2]。上揭《禮記》原文孔穎達疏云：「『疏通知遠，《書》教也』者，書錄帝王言誥，舉其大綱，事非繁密，是疏通；上知帝皇之世，是知遠也。『廣博易良，樂教也』者，樂以和通為體，無所不用，是廣博；簡易良善，使人從化，是易良。」可證「疏通」「廣博」是。

又如 S.5454 號《千字文》：「景行惟賢，尅唸作聖。」其中的「尅」字 P.3062、3416 號、S.3835 號等敦煌寫本多同，唯 P.3108 號作「克」，今傳智永《真草字千文》（據湖南美術出版社 2006 年影印日本小川簡齋舊藏本）作「剋」。按《尚書·多方》：「惟聖罔唸作狂，惟狂克唸作聖。」上揭《千字文》雖未標明所本，但可以斷定「尅唸作聖」句是由《尚書》「惟狂克唸作聖」句節略而來，則其字當以作「克」為典正。上揭《尚書》引文偽孔穎達傳云：「惟聖人無念於善，則為狂人；惟狂人能念於善，則為聖人。」傳文以「能」對譯「克」字，則「克」即「能」義。《詩·大雅·蕩》「靡不有初，鮮克有終」鄭玄箋：「克，能也。」可參。《千字文》「尅唸作聖」的「尅」，乃「剋」的俗字，而「剋」乃「克」的後起分化字，二字古多混用不別。

（二）取後人之書以校

如唐釋玄應《一切經音義》除有《磧砂藏》本、《金藏》本、《高麗藏》本、《叢書集成初編》本等刻本傳世外，絕大部分又被唐釋慧琳的《一切經音義》所轉載，慧琳轉引時，除個別用字（包括切音）略有調整外，基本上保留了玄應書的原貌。所以我們在整理敦煌本玄應

2　此說我在 1999 年為浙江大學古籍研究所研究生講授校勘學時首先指出，後載入由參加聽課的何華珍等同學整理的《敦煌本〈勵忠節鈔〉王校補正》一文，文載《中古近代漢語研究》第 1 輯，上海：上海教育出版社，2000 年，第 286 頁。下引此文者大抵同此。

《音義》時，除用傳世各本對校外，也可取後出的慧琳《音義》來比勘。如 P.3734 號玄應《一切經音義》卷十六《舍利弗問經》音義：「慊至，苦覃反，慊慊，言勖勖也，亦慊快也。」注文「苦覃反」《高麗藏》本同，《磧砂藏》本及《叢書集成初編》本作「古簟反」，「古」「覃」皆誤，慧琳《音義》卷六四引作「苦簟反」，是也，「慊」字《廣韻·忝韻》正音「苦簟切」。

又如 P.2901 號《一切經音義摘抄》：「不嚏，丁計反，噴鼻也。經文作呬，非也。」按本條摘抄自玄應《一切經音義》卷十二《普曜經》第五卷音義，「嚏」字《磧砂藏》本、《高麗藏》本及《叢書集成初編》本皆作「嚏」，「嚏」即「嚏」字俗寫，「嚏」文中又應為「嚔」的訛俗字，慧琳《一切經音義》卷二八引正作「嚔」。

（三）取同時之書以校

如 P.4017 號《渠人轉帖》：「今緣水次逼斤（近），切要通底河口，人各枝兩束，{亭}白刺壹{不}束、拴兩笙、鍬钁一事，兩日糧食。是酒壯夫，不用廝兒女。帖至，限今月廿九日卯時於口頭取齊。」（用 {} 號括注的「亭」「不」二字為衍文當刪，下同此者不再說明）何謂「是酒壯夫」？費解。考 P.3412 號《壬午年（982）五月十五日渠人轉帖》有相近內容：「今緣水次逼近，要通底河口，人各鍬钁壹事，白刺壹束、樫一束、拴壹笙（莖）。須得莊夫，不用廝兒。帖至，限今〔月〕十六日卯時於皆和口頭取齊。」兩相比勘，可知前者「是酒壯夫」應校作「是須壯夫」，後者「須得莊夫」則應校作「須得壯夫」，殆無疑義矣。

又如 P.2491 號《燕子賦》：「燕子單貧造得一宅乃被雀兒強奪仍自

更著恐嚇。云[3]：『明敕括，標入正格。阿你逋逃落藉，不曾見你膺王役。終遣官人棒脊，流向擔（儋）崖象白。』」其中的「明敕括」句P.3666 號同，P.2653、3757 號「括」後多一「客」字。按 73TAM509：8/21（a）《唐開元二十一年（733）西州都督府案卷為勘給過所事》：「但化明先是京兆府雲陽縣嵯峨鄉人，從涼府與敦元暕驅馱，至北庭括客，乃即附戶為金滿縣百姓。」（《吐魯番出土文書》圖錄本第肆冊第291 頁）《舊唐書・宇文融傳》：「時天下戶口逃亡，免役多偽濫，朝庭深以為患。融乃陳便宜，奏請檢察偽濫，搜括逃戶。……於是諸道括得客戶凡八十餘萬，田亦稱是。」「括客」即搜尋逃亡的戶口[4]。據此，前揭《燕子賦》「明敕括」句當據 P.2653、3757 號作「明敕括客」為是。又「落藉」，P.3757 號同，P.3666 號作「落籍」。按《唐律疏議・戶婚》：「諸脫戶者，家長徒三年。」疏曰：「率土黔庶，皆有籍書。若一戶之內盡脫漏不附籍者，所由家長合徒三年。」[5]唐薛用弱《集異記・殭僧》：「司空薛公因令軍卒之戰傷瘡重者，許其落籍。」[6]據此，「落藉」「落籍」當以後者為是，「落籍」指戶口在戶籍簿中脫漏[7]。

又如中村 139 號句道興《搜神記》「周宣王」條云：「昔有周宣王，信讒言，枉煞忠臣杜伯。杜伯臨死之時，仰面向天曰：『王曲取讒佞之言，枉煞臣。不逾三年，願一如臣。』……後更至三年，宣王遂出城田獵，行至城南，見杜伯前後侍從鬼兵隊仗，乘赤馬，朱籠冠，赫弈，手報（執）弓箭，當路向宣王射之。」其中的「朱籠冠」疑當校補作

3　「云」字底卷在「明」後，茲據 P.3666、3757 號乙正。

4　參看《敦煌變文選注》增訂本，北京：中華書局，2006 年，第 497 頁注〔三〕；《敦煌變文校注》，北京：中華書局，1997 年，第 386 頁注〔五五〕。

5　劉俊文《唐律疏議箋解》，北京：中華書局，1996 年，第 914-915 頁。

6　《集異記》，北京：中華書局，1980 年，第 32 頁。

7　參看《敦煌變文選注》第 497 頁注〔五〕、《敦煌變文校注》第 387 頁注〔五八〕。

「朱衣籠冠」。「朱衣籠冠」本為魏晉以來中低級官員的打扮。如《梁書‧陳伯之傳》:「褚緭在魏,魏人欲擢用之。魏元會,緭戲為詩曰:『帽上著籠冠,袴上著朱衣,不知是今是,不知非昔非。』魏人怒,出為始平太守。」「帽上著籠冠,袴上著朱衣」即暗指被「擢用」之意[8]。後來亦被視作冥官的裝束。上揭《搜神記》下文「王子珍」條描寫冥府泰山主簿李玄亦云:「乘白馬,朱衣籠冠,前後騎從無數,非常赫奕,別有青衣二人引道。」吐魯番出土文書隨葬衣物疏中亦屢見「朱衣籠冠」,如72TAM169:32《高昌建昌四年(558)張孝章隨葬衣物疏》:「今有朱衣籠冠□(一)具。」(《吐魯番出土文書》圖錄本第壹冊207頁)是其例。「朱衣籠冠」被用作隨葬衣物,蓋寓有祈禱死者在冥間官運亨通之意。杜伯「朱衣籠冠」,亦正和他的身分吻合,補一「衣」字是符合當時的風尚制度的。

時代相同(或相近)的著作,除內容每多相涉外,語言上也往往會有一些相似的特點。一地區有一地區特有之方言習俗,一時代也有一時代特有之言語。時間或地理相關的著作,即使內容全然無關,而其遣字用詞亦往往會有若干相近之處,因此也可以取以為他校之資。如P.3441號背《某年雇工契樣文》:「若是放畜牧,畔上失卻,狼咬煞,一仰售僱人祗當與充替。」何謂「售僱人」?費解。考敦煌文獻中「售」「受」通用。如S.1624號背+S.1776號《後晉天福七年至後周顯德五年(942-958)間大乘寺交割常住什物點檢曆》:「木盆壹,售三斗。」又S.4199號+P.3598號《宋庚辰年(980)後報恩寺常住什物交割點檢曆稿》:「銅灌(罐)壹,售壹斗。」其中的「售」皆當讀作「受」。「售」

---

8 參看王國維《觀堂集林》卷二二《胡服考》,北京:中華書局,1959年,第1087-1088頁。

字《廣韻》在去聲宥韻，「受」在上聲有韻，皆禪紐濁音，唐五代西北方音濁上變去，故「售」「受」同音。P.3906 號《字寶》去聲「賣不售」條「售」字注直音「受」，可證。受這些他校資料的啟發，我們可以推知前揭「售僱人」當校讀作「受僱人」，文意正合。而「售」「受」通用，在傳世文獻中卻不見蹤跡，顯現出敦煌寫本專有的語言特色。

又如 P.2714 號《十二時》：「使府君，食香糜（糗），須念樵夫住村藪，捍勞忍苦自耕耘，美飯不曾霑一口。」其中的「捍勞」P.3087 號寫卷同，P.2054 號寫卷作「桿勞」；《敦煌歌辭總編》校錄作「旱澇」（1644-1645 頁），蔣宗福《敦煌禪宗文獻研究》從之，稱「『旱澇』謂久旱不雨或久雨成災」[9]。但試比較以下材料：S.2682 號《太子成道經》：「太子聞説，便問三寶：『如何修行，得證此身？』『捍勞忍苦，六時行道，饒益眾生，乃獲此身。』」[10] 又北 8437（雲 24）號《八相變》：「太子卻問：『如何修行，證得此身？』和尚道：『精勤行道，忍苦捍勞，救濟眾生，堅持戒學，乃獲此身。』」又後魏菩提留支譯《佛説佛名經》卷一：「我等欲報如來恩者，當於此世勇猛精進，捍勞忍苦，不惜身命建立三寶，弘通大乘，廣化眾生，同入正道。」（《大正藏》14 冊 188 頁）唐道宣《廣弘明集》卷二七：「自不堅強其志，亡身捨命，捍勞忍苦，銜悲惻愴者，將恐煩惱熾火無由而滅，無明重闇開了未期。」（《大正藏》52 冊 307 頁）唐湛然《止觀輔行傳弘決》卷一三：「是故他方菩薩，皆嘆此土初心菩薩忍苦捍勞，從於香積來此聽法者，權法未熟，是故經遊。」（《大正藏》46 冊 237 頁）宋法護、惟淨等譯《大乘寶要

9　蔣宗福《敦煌禪宗文獻研究》，四川大學博士論文，2002 年，第 103 頁。

10　此例「捍」字 P.2999、S.548、S.2352 號寫卷作「悍」。《敦煌變文集》（294 頁）、《敦煌變文校注》（439 頁諧錄作「悍」。後書校記云：「劉凱鳴校『悍』為『含』，未確。『悍』即強悍。」下例「捍」字《敦煌變文校注》亦校作「悍」，皆非是。

義論》卷五：「善知識如乳母，善護一切，令離罪業故。善知識如僕使捍勞，能入生死大煩惱海，為拔濟故。」（《大正藏》32 冊 62 頁）由此可見，「捍勞」為唐代前後佛典中習語，其字灼然無誤。而「桿」或「悍」則應為「捍」字音誤抑或形誤。「捍」字《說文》作「扞」，有抵禦之義。慧琳《一切經音義》卷二三載唐惠苑《新譯大方廣佛華嚴經音義》卷下：「禦扞，扞，衛也，蔽也，蔽謂遮塞之也，扞字《聲類》作捍也。」《廣韻·翰韻》：「捍，抵捍。」「抵禦」與「忍受」義近（「抵禦」「忍受」乃因角度不同而異，從積極主動的角度可以說抵禦，從消極被動的角度來說就是忍受），「捍勞」「忍苦」應皆為動賓關係，「勞」「苦」義同，「捍」「忍」義近，故既可說「捍勞忍苦」，又可改易位置說「忍苦捍勞」，「捍勞」單用亦其義不變，皆指忍受勞苦而言。敦煌寫本或作「悍勞」「桿勞」，皆不可從；校作「含勞」「旱澇」則更屬大謬。

　　運用他校法時，必須注意以下幾點：

　　1.古人引書不一定符合原文

　　古人引書，為行文方便，常常改動原文。其中有「所引之書作彼字，所注之書作此字，而聲義同者，則寫從所注之書」的 [11]，有以訓詁字相代的，有節略其辭的，有意引其辭的，等等，情形頗為複雜。清盧文弨《抱經堂文集》卷二十《與丁小雅進士論校正方言書》云：

　　　　大凡昔人援引古書，不盡皆如本文，故校正群籍，自當先從本書相傳舊本為定。況未有彫板以前，一書而所傳各異者，殆不可以遍

11　王引之《經義述聞》卷五「歌以訊止」條，南京：江蘇古籍出版社，2000 年，第 139頁。

舉。[12]

我們校勘敦煌文獻時，也必須注意到古人引書「不盡皆如本文」的特點，據引文改字時必須慎之又慎；否則就會以此律彼，或以彼律此，犯妄改古書的毛病。

2.類書引文不可盡據

類書以其編纂時間較早，所引多舊本，而為校勘學家所重視。但類書引書失真的地方也很多，這是因為：（1）傳抄翻刻時致誤而失真；（2）編纂時或增或刪或改而失真。敦煌文獻中有類書寫本數十種，包括《修文殿御覽》《類林》《事林》《事森》《珂玉集》《語對》《兔園策府》《雜抄》《勵忠節鈔》等，這些類書寫本同樣存在著這樣那樣的疏誤，對此，筆者曾以《勵忠節鈔》為例，撰文作過詳細討論[13]，可以參看。所以我們據類書引文校勘時也必須謹慎，不宜信從太過。

3.內容相關的古籍行文造句未必全同

不同的古書，由於取材偶同或承襲等等的原因，往往會有一些相似或相同的篇章和字句，如《漢書》與《史記》、慧琳《一切經音義》與玄應《一切經音義》、姚秦鳩摩羅什譯《妙法蓮華經》與西晉竺法護譯《正法華經》，等等，內容和字句多有承沿，自可彼此參訂，互相比勘。但其行文造句，則未必完全相同。或句有繁簡之異，或字有本假之別，或詞有雅俗之分，如此等等，應注意彼此的區別，而不可斷然用作他校的根據，妄加改易。

12　《抱經堂文集》，《四部叢刊》本，第20卷第11頁。

13　《類書引文異同釋例——以敦煌寫本類書〈勵忠節鈔〉為例》，載《海峽兩岸古典文獻學學術研討會論文集》，上海：上海古籍出版社，2002年，第57-75頁。

三、本校

所謂本校，就是用原書的上下文來互勘。清儒段玉裁在校勘《說文》時，曾創明「以《說文》校《說文》」之法。他說：

> 何謂以《說文》校《說文》也？《說文解字》中字多非許舊，則自為鉏鋙，即以《說文》正之，而後指事、象形、形聲、會意之說可明也。[14]

段氏的「以《說文》校《說文》」，就是用《說文》的上下文來互勘，也就是我們所說的「本校」。本校法往往是在既無異本可供對勘，又無他書可供比勘的情況下，專從原書的上下文著眼，或推尋著書者原定的體例，或尋繹原書行文造句的通則，或比較原書遣字用詞的特點，或體察原書前後的文義，以意逆志，發現底本訛誤之點。現分別說明如下：

（一）據原書文例訂正訛誤

一部有價值的著作，總有它自己的體例所在，但作者自定凡例的不多（唐以前古書更是少見），或有亦不詳。校書者如果能認真加以研究，掌握應校之書的體例，就等於掌握了校勘該書的鑰匙，便能發疑摘伏，推尋原書的本來面目。如敦煌本《字寶》的一個重要體例是「分為四聲，傍通列之」（S.6204 號《字寶》序），即把全書所收詞條按讀音歸入平聲、上聲、去聲、入聲四部分；音同音近（有時義亦相近）的詞條抄列在一起，後一條常用「又」「同前」「同上」等語詞與前一

14　《經韻樓文集補編》卷上《嚴九能爾雅匡名序》，上海：上海古籍出版社，2008 年，《經韻樓集》附，第 375 頁。

條聯通。如 S.6204 號《字寶》平聲下欄有「𪏻膠醜知反」條，接云：「穤雀兒音同前，粘取也。」作者把同音的「𪏻」「穤」列在一起（「穤」實為「𪏻」的換旁俗字），即所謂「傍通列之」。但 P.3906 號、P.2058 號《字寶》「𪏻膠」條與「穤雀兒」條之間被隔以音義完全無關的「相嫽嫈庵，烏哥反」條，而「穤雀兒」條注文仍作「音同前」云云，則顯非作者本意，讀者亦不得其解矣。當我們掌握了《字寶》「傍通列之」的體例，才有可能恢復原書的本來面貌。

又如 S.617 號《俗務要名林‧菜蔬部》：「蘭香，上音干反。」注文「上音干反」日本慶谷壽信校作「上音魯干反」[15]。按本書注音或云「音×」，或云「××反」，而無「音××反」者，據此，可見慶谷校不可從。該書另一異本 P.2609 號「蘭香」條注音作「上落干反」，則底卷「上音干反」當為「上落干反」之誤。蓋底卷「音」字乃涉上下文標注直音的「音」字而誤（前一條云「蘿蔔，上音羅，下蒲北反」下文隔一條云「蓼子，上音了」，直音前皆有「音」字），而非「音」下脫反切上字。

（二）據原書詞例訂正訛誤

一時代有一時代特有之言語，一作者亦往往有一作者慣用之詞彙。孫詒讓《札迻》自序云：「秦漢文籍，誼恉奧博，字例文例，多與後世殊異。如荀卿書之『案』，墨翟書之『唯毋』，晏子書之以『敳』為『對』，淮南王書之以『士』為『武』，劉向書之以『能』為『而』，驟讀之，幾不能通其語。……非覃思精勘，深究本原，未易得其正也。」[16] 這就是說，每部書、每個作者都有自己獨特的詞彙；校書者必

15　《敦煌出土の「俗務要名林」（資料篇）》，東京都立大學人文學部《人文學報》第 112 號，1976 年，第 90 頁。

16　《札迻》，北京：中華書局，1989 年，卷首第 2 頁。

須對這種獨特的詞彙了然於胸，才能深究本原，得其本正。如 S.1441
號《勵忠節鈔‧將帥部》引《漢記》曰：「夫水至清則無大魚，歧令峻
察則下人不附。」其中的「歧令」費解。按同卷《政教部》云：「鄧析
曰：夫水濁者則無掉尾之魚，政令峻察則下無逸樂之士。」則「歧令」
當為「政令」之誤，「政令峻察」蓋編者習語[17]，謂法令嚴明與文義正
合。[18]

　　又如 S.1441 號《勵忠節鈔‧政教部》：「昔李康侍坐於晉文帝，時
為三長吏俱之言，同日辭見，上曰：『夫為官者，當清、當慎、當勤，
能行此三者，何患不理乎？』」其中的「之言」費解。按同卷《善政
部》：「張翁為雋郡守，布衣蔬食，儉以化人，我有（自乘）二馬之官。」
又《字養部》：「鄧價（攸）為吳郡守，遂負米之官，俸祿一無所受，
唯飲吳中之水而已。」則「之言」當為「之官」之誤，「之官」蓋編者
習語[19]，謂赴任，與文義正合。[20]

　　（三）據原書字例訂正訛誤

　　不同的作者會有不同的用詞習慣，也會有不同的用字特點；不同
的抄手、刻工往往也有不同的書寫（刻寫）風格。對這種獨特的用字

17　《東觀漢記‧班超傳》、《後漢書‧班超傳》皆有「水清無大魚，察政不得下和」句，
　　《鄧析子‧無厚》有「夫水濁則無掉尾之魚，政苛則無逸樂之民」句，寫本引作「政
　　令峻察」當係出於《勵忠節鈔》編者改寫。

18　此說《敦煌本〈勵忠節鈔〉王校補正》一文首先揭載，《中古近代漢語研究》第 1 輯，
　　第 284 頁。

19　所引三例，相關文句前例《世說新語‧德行》「晉文王稱阮嗣宗至慎」條引李康《家
　　誡》作「時有三長吏俱見」，次例《北堂書鈔‧政術部‧廉潔》引《華陽國志》作「自
　　乘二馬之官」，後例《晉書‧良吏傳》作「攸載米之郡」，唯次例「之官」係引書原
　　文，其餘二例當皆出於《勵忠節鈔》編者改寫。

20　此說《敦煌本〈勵忠節鈔〉王校補正》一文首先揭載《中古近代漢語研究》第 1 輯，
　　第 287 頁。

特點或書寫風格的深刻把握，也是我們校讀古書的必備條件之一。

　　如 S.1441 號《勵忠節鈔・善政部》：「辛續為南揚（陽）郡守，妻子後到，續唯布被弊幃，畜米數升。謂其妻子：『俸祿若此，難以自資。』妻子辭而歸。」又同卷《字養部》：「今官多祿薄，冬夏無以供衣服，四時無以奉祭祀，賓客無以供升酒之費，自非夷吾（齊），誰能餓死不虀食百姓者哉！」其中的「升」「升」《敦煌類書》皆錄作「升」（185、186 頁）。初觀乍視，此二字確與「升」字字形極近。其實不然。唐代前後「升」字通常右下部加點作「升」或「升」形，而「斗」

▲ 圖 2　S.613 背《西魏大統十三年瓜州帳籍》

字則作「斗」或「斗」「斗」等形，右下部不加點。S.388 號《字樣》：「升，正；升，此勘《說文》《字林》並無，又勘衛宏定《官書》如此作。」此二字乃「升」字。又云：「斗斠枓斜，已上並從斗。」標目字為「斗」「料」「科」「斜」四字，注文中的「斗」亦為「斗」字。又 S.613 號背《西魏大統十三年（547）瓜州帳籍》「斗」字作「斗」形，「升」字加點作「升」形（圖 2），分用劃然。上揭《勵忠節鈔》寫本「升」字或「升」旁右下部亦多加一點。如同卷《德行部》：「朱穆云：君有正道，臣有政（正）路，從之如升堂，違之如赴壑。」「升」乃「升」字。又同卷《賢行部》：「郭正己稱法言（真）曰：名可得而聞，昇難得而〔見〕……」《政教部》：「孫卿子曰：夫一仞之牆，人不能踰；百仞之上，童子昇焉。」「昇」「昇」乃「昇」字（前例「昇」又「身」的音誤字）。據此，我們可以斷定前揭右下部不加點的「升」「升」當是「斗」字俗

書²¹。《敦煌類書》錄作「升」，與底卷字例不合，似是而實非。

又如 S.1441 號《勵忠節鈔・字養部》：「郭（郎）基，比高人，為海州刺史，性能清慎，無所營求。常語人云：『任官之處，木枕亦不須作，何況重於此事！』」按：「比高」當作「北齊」²²。《北齊書・循吏傳》：「郎基，字世業，中山人……起家奉朝請，累遷海西鎮將。……基性清慎，無所營求，曾語人云：『任官之所，木枕亦不須作，況重於此事！』」郎基歷任奉朝請、海西鎮將、侍御史、鄭州長史等職皆為北齊屬官，故稱「北齊人」。「比」「北」形近易誤；但「齊」誤作「高」，則頗罕覯。考同卷《字養部》下文：「路邕任高州太守，有惠政，蒞職清勤，善綏人俗。」《魏書・良吏傳》稱路邕魏世宗時「除齊州東魏郡太守」，底卷「高州」當作「齊州」。又同卷《清貞部》：「晏平仲相高{祖}，食不重肉，妾不衣帛。」《史記・管晏列傳》：「（晏嬰）既相齊，食不重肉，妾不衣帛，齊因以治。」底卷「相高」當作「相齊」。可見「齊」誤作「高」乃本卷抄手恆例（二字起筆相同），前後互勘，則校「高」作「齊」可以無疑焉。

（四）據原書韻例訂正訛誤

古書（尤其是詩賦等文學作品）多用韻語，或韻或不韻，自有一定之規。如果照例應當押韻而失押，則很可能文字有誤。

如《敦煌變文集》卷二《韓朋賦》（以 P.2653 號為底本）：「枝枝相當是其意，葉葉相籠是其恩，根下相連是其氣，下有流泉是其淚。」（141 頁）按：上引韻語句中句末並用韻，但第二句句末的「恩」字失押，可見原文有誤。據《敦煌變文集》校記，另一本 P.2922 號「恩」

21　《中古近代漢語研究》第 1 輯，第 289 頁。

22　《中古近代漢語研究》第 1 輯，第 289-290 頁。

字作「氣」，而第三句的「氣」則作「思」。「思」與「意」「氣」「淚」押韻。據此，底本的「恩」當是「思」的形近誤字。同篇上文：「天雨霖霖是其淚，魚游池中是其意，大鼓無聲是其氣，小鼓無音是其思。」（140頁）亦淚、意、氣、思四字句末為韻，可資參證。

　　又如 S.3872 號《維摩詰經講經文》：「誡身心，少嫉妬，遂速時光早已暮。貪活貪計入黃泉，男女不肯替受苦。」又 P.2714 號《十二時》：「戒身心，少嗔妬，遮莫身為家長主。百般讒佞耳邊來，冤恨且為含容取。」這二例皆為三三七七七句式，按照文例，第二個三字句的末字應當入韻（如前例上文「勸門徒，須覺悟，一世為人難值遇。妝束於身道是榮，來往娑婆千萬度」，次句「悟」便與下文「遇」「度」押韻），但「妬」字《廣韻・候韻》音古候切，失押。考「妬」字古或用作「妒」的訛俗字。北齊顏之推《顏氏家訓・書證》謂當時有人以「妬」字為「妬」字注音[23]，這個音「妬」的「妬」實即「妬（妒）」的訛俗字。慧琳《一切經音義》卷三十《大乘方廣總持經》音義：「嫉妒，下都故反……經作妬，非也。」遼釋行均《龍龕手鏡・女部》：「妬，俗；妒，通；妬，正：當故反，害也。」亦可證。[24] 前揭二例「妬」為韻腳字，分別與「暮」「苦」和「主」「取」押韻，以古候切音「妬」，則失其韻；而以「妒」代「妬」，則韻安理順，可見此二「妬」必為「妒」的訛俗字。

　　（五）據原書文義訂正訛誤

23　《顏氏家訓》，王利器集解本，北京：中華書局，1993 年，第 445 頁。

24　「妒」、「妬」的正俗關係歷來有不同看法。今本《說文》作「妒」，從女、戶聲。段玉裁則認為當作「妬」，從女、石聲，猶柘、橐、蠹等字皆從石為聲旁（段說見《說文解字注》）。《干祿字書》：「妒妬：上通下正。」《五經文字》卷下女部：「妬，丁故反，作妒者非。」皆與段說相合。

　　古人行文造句，總是為了表達一個總的思想內容，如果文字有誤，則上下扞格，語句乖違，自當推敲其前後文義而訂正之。例如：

　　《敦煌變文集》卷五《長興四年中興殿應聖節講經文》：「數道朝臣銜命去，幾幡□表謝恩回。」（420 頁）按：這兩句是對偶句，但「幾幡」與「數道」失對，「幡」當是「番」字之誤[25]。「幾番」與「數道」對偶，「番」「道」並屬量詞，為回、次之義。又缺字疑為「藩」字。「藩表」與「朝臣」儷偶，義亦密合。

　　同上書《妙法蓮華經講經文》：「恰似黃鷹架上，天邊飛去々心。還同世上凡夫，出離死生有意。」（502 頁）按：「々」表何意，原書沒有說明。考下文云：「鷹也有心飛去，未知誰解解條。」（503 頁）據此，「々心」疑當作「有心」。「有心」與下聯「有意」文正一律。下文：「鷹在人家架上，心專長在碧霄。」說的也正是架上黃鷹「天邊飛去有心」之意。查原卷 P.2133 號，所謂「々」本作「⟨符⟩」，正是「有」字草書「⟨符⟩」的變體（「出離死生有意」的「有」字原卷作「⟨符⟩」形，可參）。

　　（六）據原書古注訂正訛誤

　　古書的古注，尤其是唐宋以前人所作的古注，由於所據以作注的本子都是舊本，因而儘管有時原書正文因傳抄翻刻等因素已非原貌，而注文中卻往往保存著原本的真相，可供校勘時擇取。例如：

　　S.2125 號《大般涅槃經》卷十四：「善男子，譬如因鼓、因空、因皮、因人、因桴和合出聲，鼓不念言我能出聲，乃至桴亦如是。聲亦不言我能自生。」其中的「因空」北 6377（宿 51）、6378（崑 13）、

25　查敦煌寫本原卷 P.3808 號，「幡」字實本作「番」，作「幡」乃《敦煌變文集》傳錄之誤。

6379（巨 10）號經本及《金藏》廣勝寺本等傳本同，費解。P.2172 號《大般涅槃經音》經文第十四卷相應位置出「因腤」條（經音該條下為「桴，苻」條，可參），云「苦江反」。據切音，「腤」應為「腔」的訛字，頗疑經文「因空」乃「因腔」之誤，「腔」指鼓體，與上下文「鼓」「皮」「人」「桴」皆指與擊鼓發聲相關的事物，正合經義。

　　《金藏》廣勝寺本《大般涅槃經》卷十三：「譬如暴風，能偃山移岳。」按 P.2172 號《大般涅槃經音》經文第十三卷相應位置出「夷岳」條，云「夷」字「不合作移」。據此，經文「移岳」當作「夷岳」。北6360（光 86）、6361（珠 99）、6363（劍 62）號經本及《大正藏》引日本宮內廳圖書寮本經文正作「夷岳」。「夷岳」謂削平高山，合於經義。

　　P.2669 號《毛詩傳箋·齊風·南山》：「藝麻如之何？從衡其畝。」毛傳：「藝，樹也。衡獵之，從獵之，必種之然後以得麻。」正文「從衡」P.2529 號《毛詩》同，阮元刻《十三經注疏》本作「衡從」。「從衡」「衡從」倒序而詞義不變。但毛傳云「衡獵之，從獵之」，S.2729 號《毛詩音》亦先出「衡」，後出「從」，則其所據《詩經》原文當本作「衡從」，當據正。寫本作「從衡」者，蓋因後世「從衡」慣用而誤倒。[26]

　　本校法的使用有一定的範圍，而切忌濫用。有的敦煌文獻並非一人所作，如王梵志詩、云謠集雜曲子、變文及《勵忠節鈔》《事森》之類；還有的文獻材料的來源不一，著書者存異同而不求一致，在這種情況下，運用本校法要十分慎重。另外比較詞例、體察文義進行本校，近則須尋覽前後數頁，遠則須遍考全書，應該把視野放得開闊一些，有時還須結合他校一起進行，而不可拘泥於個別詞句或上下數

26　參看《敦煌經部文獻合集》第 2 冊，北京：中華書局，2008 年，第 721 頁校記〔一一六〕。

行，便輕加改訂，強作解人。

四、理校

所謂理校，就是用推理的方法，對敦煌寫本中不合「理」的地方加以匡正，從而使不合「理」變為合「理」。

寫本中不合「理」的地方，大致包括不合文理和不合事理兩個方面。不合文理，是指在文章的內容和詞句方面不夠通順暢達。不合事理，是指文章所敘述的內容跟事實有所出入。當我們發現這種不合理的情況，卻沒有其他材料可供比勘，或者即使有其他材料可供比勘，但眾說紛紜，莫衷一是，這時就不得不求助於推理的方法來加以裁斷，定其去取。

運用理校法，大致可採取下列手段：

（一）辨字形

即通過字形的辨析來推斷敦煌文獻字句的是非。形近而誤是敦煌寫本中最容易產生的一種錯誤，而且其形誤的原因又特別複雜，如因古字形近而誤，因俗字形近而誤，因草書形近而誤，等等，紛紜繆轇，蹊徑百出。所以我們必須在對各種不同的字體有一個總的了解的基礎上，排比分析，細心體察，才能推導出字形訛誤的真相。例如：

《敦煌變文集》卷七《百鳥名》：「花沒鴒，色能姜，一生愛踏伽藍地。」（853頁）文中的「能」相當於「恁」，義為如此（參看下文）。同篇下文：「青雀兒，色能青。」「能」字義同。但「色能青」好懂，「色能姜」則費解，顯然文字上有錯誤。我們首先求助於對校的辦法：查該篇寫本原卷。查核的結果，原卷也是作「色能姜」。既然對校、本校不能解決問題，他校又用不上，就不得不退而求其次，採用理校的方法。根據形近而誤的原則，我們認為「姜」當作「美」。「美」字俗或作「羑」。慧琳《一切經音義》卷十《理趣般若經》音義：「美字《説文》

從羊從大,經從父作羑,非也。」「羑」字敦煌寫本中經見。「羑」「姜」形近易誤。S.5471 號《千字文注》「女慕貞潔」注:「喻貞夫之事韓朋,宋王聞其姜,聘以為妃。」其中的「姜」即「美」字之誤。故「色能姜」的「姜」也正是「美」的形誤字。校「姜」作「美」,原文便豁然貫通了。

S.388 號《正名要錄》「正行者雖是正體,稍驚俗,腳注隨時消息用」類「𡆆」下腳注「蚩」。蔡忠霖云:「『𡆆』之形未見於其他字書,不知何據,或為唐時社會所流行之字。《干祿字書》:『蚩:上俗下正。』《五經文字》亦以『蚩』字為正,因此,『𡆆』應為『蚩』之變體。」[27] 按:以字形而論,「𡆆」應為「妛」字俗訛。「安」字俗書作「女」,又作「安」,俚俗誤以「妛」字下部為「安」旁俗寫,據以改寫,即可變體作「𡆆」形。《集韻·之韻》充之切:「妛,侮也,癡也。或作娸,通作蚩。」P.2011 號王仁昫《刊謬補缺切韻·之韻》赤之反:「妛,侮輕。」「妛」乃「妛」字俗省。「妛」字未見於唐代之前字書,實為「蚩」的後起換旁俗字,而「娸」又為受「妛」「蚩」交互影響產生的繁化俗字。

(二)考字(詞)義

即通過字義詞義的考索來推斷敦煌文獻字句的是非。

字義、詞義的考察,也是理校的一個重要手段。如前舉《百鳥名》「青雀兒,色能青」一句,《敦煌變文集》以六字連讀,並在校記中說:「句中應脫一字。」(854 頁)這個校記對不對?我們認為不對。先從本校的角度看,同篇上文有「巧女子,可憐喜」「唸佛鳥,提胡蘆」「吉

---

27 《敦煌字樣書〈正名要錄〉研究》,臺灣「中國文化大學」碩士論文,1994 年,第 233-234 頁。

祥鳥，最靈喜」等語，都是三三句式，和「青雀兒，色能青」句式相同。再從理校的角度看，「能」在唐宋間可用同「恁」，有「如此」「這般」的意思。如《敦煌變文集》卷五《維摩詰經講經文》：「朱唇旖旎，能赤能紅；雪齒齊平，能白能淨。」（620 頁）唐韓愈《杏花》詩：「居鄰北郭古寺空，杏花兩株能白紅。」[28] 其中的「能」都是「如此」「這般」的意思[29]。《百鳥名》「色能青」的「能」也正是這個意思。同篇上文：「花沒鴿，色能姜（美）。」「能」字義同（這又是本校）。明白了「色能青」句「能」字的意思，則猶如撥雲霧而見青天，原文的意思便沒有半點滯礙了。

又如《敦煌變文集》卷一《捉季布傳文》（以 P.3697 號為底本）：「若是生人須早語，忽然是鬼奔丘墳。」（55 頁）馮沅君校：「『忽然是鬼』不可解。疑應作『縱然是鬼』。……本句的意思是：縱然是鬼也不應在此，應該到墳墓裡去。」[30] 按：馮說大誤。「忽然」猶倘然，乃唐代前後使用極廣的一個俗語詞[31]。這兩句「忽然」與「若是」相對，庚卷 S.5439 號「忽然」作「倘然」，乃同義異文。馮氏不明俗語，昧於詞義，因而所作出的校釋自然是難以信從的。

（三）審字音

即通過字音的審察來推斷敦煌文獻字句的是非。例如：

北 1902（呂 77）號《金光明最勝王經》卷九咒語：「醫泥悉泥遷娓達遷娓。」卷末附經音云：「娓，普詣。」「娓」字及所附經音北

28　《朱文公校昌黎先生集》，《四部叢刊》本，第 3 卷第 9 頁。

29　說詳蔣禮鴻《敦煌變文字義通釋》「能」字條，增補定本，上海：上海古籍出版社，1997 年，第 512 頁。

30　《季布罵陣詞文補校》，《文史哲》第 1 卷第 3 期，1951 年，第 29 頁。

31　說詳蔣禮鴻《敦煌變文字義通釋》「忽然」條第 391-392 頁。

1900（夜64）、1905（霜73）、1906（日12）號經本同。查「娓」字《漢語大字典》引《集韻》音公渾切，女子人名用字；又戶袞切，釋蒙蓋、覆蓋。《漢語大詞典》僅載後一音義。而音「普詣」切的「娓」字未見《漢語大字典》、《漢語大詞典》所載，則當別是一字。據「普詣」反的讀音，此「娓」當是「媲」的訛俗字。S.6691號《金光明最勝王經音》卷九：「媲，普詣。」字正作「媲」。「媲」字《廣韻・霽韻》音匹詣切，與「普詣」反音同。S.388號《正名要錄》「正行者楷，腳注稍訛」類「媲」下腳註「娓」。可洪《新集藏經音義隨函錄》第拾冊《能斷金剛般若波羅蜜多經論》中卷音義：「娓此，上匹計反，配也。正作媲。」可見「媲」字作「娓」乃當時俗書常例。

S.2821號《大般涅槃經音》如來性品第四：「㒫，爲。」或謂「㒫」即「鴈」字[32]。按：《干祿字書》：「象爲：上通下正。」「爲」「象」為《説文》篆文隸變之異。上揭寫卷「㒫」字既直音「爲」，則不得為「鴈」字異體。實則「㒫」即「爲（象）」的訛俗字。《大般涅槃經》卷四如來性品第四有「習學乘象、盤馬、挩力種種伎藝」句，即本條所出。其中的「象」字北6314（來19）號經本作「𤟥」，「𤟥」「㒫」一字之變。甘圖26號《大般涅槃經》卷一：「復有二十恆河沙大香㒫王、羅睺㒫王、金色㒫王、甘味㒫王、紺眼㒫王、欲香爲王等而為上首。」其中的「㒫」「爲」亦皆「象」字，可參。

（四）核事實

即通過事實的稽核來推斷敦煌文獻字句的是非。事實是最有力的裁判。在事實面前，任何訛字謬説都將無所遁其跡。例如：

S.1441號《勵忠節鈔・俊爽部》：「王右軍羲之年十歲時，錢鳳為

32　《敦煌音義匯考》杭州：杭州大學出版社，1996年，第1083頁。

大將軍甚憐務（矜）愛，恆置帳中眠。大將軍嘗先出不在，右軍未起。
須臾錢鳳入，屏人論事，忘卻右軍在帳中，便言逆節之謀。」按《世說
新語・假譎》：「王右軍年減十歲時，大將軍甚愛之，恆置帳中眠。大
將軍嘗先出，右軍猶未起。須臾錢鳳入，屏人論事，都忘右軍在帳
中，便言逆節之謀。」[33] 即上揭引文所本。《世說新語》所説大將軍係
指東晉王敦，王敦晉元帝時任鎮東大將軍；錢鳳則是王敦帳下的謀
臣。而據《勵忠節鈔》所引作大將軍似乎成了錢鳳。《敦煌類書》因謂
《勵忠節鈔》「所述以錢鳳為大將軍，殊無依據，且與今本《世説》不
合，違背史實，似為小説稗聞」（619 頁）。《敦煌類書》的校記有事實
依據，無可辯駁。不過原文倒未必是「小説稗聞」，而極有可能是傳抄
有誤：原卷「錢鳳為大將軍」句的「錢鳳為」三字或為衍文當刪，而
「大將軍」三字則當屬下讀，如此則原文怡然理順亦不至於與史實乖違
了。

五、餘論

　　上面我們討論了敦煌文獻校勘的四種基本方法，但在實際運用
中，這四種方法往往是交織在一起，綜合使用的。在這四種方法中，
對校法是最基本的方法，其可據依的可靠性也最大，所以如果可能，
應盡量首先使用對校法進行校勘。他校法前人使用較廣，可靠性也較
大，但必須注意古人引書有種種複雜的情況，不可輕加改訂。本校法
立足於本書，注重上下文義的互勘，但有時接近於理校，必須慎重使
用，不可生搬硬套，強求一律。理校法是校勘的補充方法，無論對
校、他校還是本校，都需要藉助於理校來裁斷。但由於理校以推理為
主，對校勘者的要求就更高一些。陳垣認為「此法須通識為之，否則

33　徐震堮《世説新語校箋》，北京：中華書局，1984 年，第 456 頁。

鹵莽滅裂，以不誤為誤，而糾紛愈甚矣。故最高妙者此法，最危險者亦此法」[34]。而有的從事敦煌文獻校錄的學人，對理校的危險性缺乏應有的認識，動輒祭出「據文義改」的法寶，憑臆妄改，治絲而益棼。其實即便陳垣這樣的大學者，他校勘《元典章》時，於理校之法，自稱「祇敢用之於最顯然易見之錯誤而已，非有確證，不敢藉口理校而憑臆見也」。陳垣先生的忠告，我們從事敦煌文獻整理工作的同志是應該銘記在心的。

參考文獻

王重民等編《敦煌變文集》，北京：人民文學出版社，1957 年。

王三慶《敦煌類書》，高雄：麗文文化事業股份有限公司，1993 年。

唐長孺主編《吐魯番出土文書》圖錄本，北京：文物出版社，1992-1996 年。

（以上三書引用較多，文中引用時在引文後標出頁碼，不再出注說明）

黃征、張涌泉《敦煌變文校注》，北京：中華書局，1997 年。

張涌泉主編《敦煌經部文獻合集》，北京：中華書局，2008 年。

段玉裁《經韻樓集》，上海：上海古籍出版社，2008 年。

王引之《經義述聞》，南京：江蘇古籍出版社，2000 年。

盧文弨《抱經堂文集》，《四部叢刊》本。

孫詒讓《札迻》，北京：中華書局，1989 年。

陳垣《通鑑胡注表微》，北京：中華書局，1962 年。

陳垣《元典章校補釋例》，《勵耘書屋叢刻》，北京：北京師範大學出版社，1982 年。

張涌泉、傅傑《校勘學概論》，南京：江蘇教育出版社，2007 年。

（原載《敦煌吐魯番研究》第 13 卷，
上海：上海古籍出版社，2013 年）

34　《元典章校補釋例》卷六「校例・校法四例」，《勵耘書屋叢刻》，北京：北京師範大學出版社，1982 年，第 1224-1225 頁。下同。

貳

《敦煌變文集》底本選擇不當之一例

——附《維摩詰經講經文》（五）校議

　　《敦煌變文集》（人民文學出版社 1957 年）卷五錄有《維摩詰經講經文》若干篇，其中第五篇是著名敦煌學家向達先生據北京圖書館所藏敦煌卷子光字 94 號迻錄的。另外伯希和所劫經 3079 號也錄有同一講經文。向先生在校錄時以北圖光字 94 號為原卷（即校錄的底本，以下簡稱原卷），以伯 3079 號為甲卷（以下簡稱甲卷）用以比勘。但根據我們對這兩個寫本原卷的比較研究，發現原卷是根據甲卷抄錄的，甲卷錯誤較少，原卷錯誤較多。為了說明問題，下面我們就把這兩個寫本的異同情況作一比較分析。

一、原卷、甲卷的行款、字句大體相同

1.行款相同

　　原卷、甲卷卷首均題「持世弟二」，原卷末題「持世弟二卷」，甲卷雖無此尾題但，卷背有此題。句子的排列格式一致，如唱詞都是

每行抄三句，散文則接抄不分。一些表示文意轉換的句子如「時波旬有偈」「魔王又偈」「魔王道云云」原卷、甲卷都是獨自一行。散文中凡文意當讀斷處，原卷、甲卷都空一格左右的距離。如《變文集》627頁（以下凡註明頁碼者均見於《變文集》，不再贅加書名）：「莫將諸女獻陳我家，當知不受。」原卷、甲卷並以「我家當知不受」六字連寫，「我家」與上句「獻陳」間空一格距離。顯然這應是兩個六字句。《變文集》校錄者對寫本的這一書寫特點注意不夠，導致了一些本不應該造成的句讀錯誤。

　　2.字句大體相同

　　據我們的精略統計，原卷與甲卷字句相同的比例在百分之九十九以上，甚至連錯脫衍亂的現象也相互一致。這種相同情況包括：

　　(1) 假借字相同。如 628 頁「他家願效殷勤」，「效」字原卷、甲卷並作「効」，「効」通作「效」（《變文集》徑改為「效」字）；631 頁「佛性昏迷於此退」，「性」字原卷、甲卷俱作「姓」，「姓」當讀作「性」（《變文集》徑改為「性」字）；625 頁「如火然盛，木盡而變作塵埃；似煎（箭）射空，勢盡而終歸墮地」，原卷、甲卷「箭」字俱寫作「煎」（626 頁「如剪射空」則俱作「剪」），又例中的二「而」字，原卷、甲卷俱本作「與」，「與」通作「而」（《變文集》徑改作「而」字）。631頁「必是曹（遭）人誹謗」，原卷、甲卷俱以「曹」為「遭」，但同頁下文「似白鹿重遭於繼（系）絆」，則又俱作「遭」。

　　(2) 俗字相同。如 625 頁「任你珍羞湌百味」，「珍」字原卷、甲卷俱書作「珎」（即「珍」的俗字，見《干祿字書》），「湌」字原卷、甲卷同，則是「餐」的俗字（見《龍龕手鏡》）。624 頁「香花珍果表心懷」，「珍」字原卷、甲卷俱作「沵」（當是「珎」字之變體）。622 頁「妖桃強逞魔菩薩」，「逞」字原卷、甲卷俱作「趕」，當即「逞」的俗體

（《變文集》徑改作「逞」字）；但同頁下文「誇豔質，逞身才」，則原卷、甲卷俱作正字「逞」。又如本篇多見「菩薩」一詞，有時或寫作「艹」（即「菩薩」的合文，見《龍龕手鏡》），但無論作「菩薩」抑或作「艹」，原卷與甲卷必然是一致的，即要麼原卷、甲卷俱作「菩薩」，要麼原卷、甲卷俱作「艹」。

3.錯字相同

如 631 頁「白雲嶺上漸生，紅日看將欲沒」，「沒」字原卷、甲卷俱作「歿」形，顯然是「沒」的誤字（下文 632 頁「紅日看將山上沒」，則原卷、甲卷俱作「沒」字不誤。）621 頁「如拋碎玉於盤中」、「似排雁行於弦上」，二「於」字原卷、甲卷俱誤作「枠」（《變文集》已校正），但上下文「於」字凡數十見則原卷、甲卷俱不誤。622 頁「楊鼓杖頭敲碎玉，秦箏絲上落珠珍」，「楊鼓」原卷、甲卷同，「楊」字實為「揭」字形近之誤，「揭」又當讀作「羯」[1]。上文「杖敲揭鼓，如拋碎玉於盤中；手弄秦箏，似排雁行於弦上」（621 頁），亦有「揭鼓」、「秦箏」對舉之句，原校「揭鼓」為「羯鼓」，是也。

4.脫字相同

如 627 頁：「知誼譁為生死之因，悟豔質是洄□之本。」比照上句，下句原卷、甲卷並只有「悟豔質是洄之本」七字，當脫一字（脫字當在「洄」字前，《變文集》以為在「洄」字後，不確。據文意，脫字應是「輪」字，「洄」則當作「迴」）。630 頁「念浮華為石火之光，想人世似風中□燭」（「石火」後原卷誤衍「令」字，詳下校），原卷、甲卷「燭」前俱脫一「之」字（從徐校）。

1　「楊鼓」當作「羯鼓」，徐震堮先生《〈敦煌變文集〉校記再補》（載《華東師大學報》1958 年第 2 期）已發之。徐氏另有《〈敦煌變文集〉校記補正》一文，載《華東師大學報》1958 年第 1 期，以下簡稱徐校或徐震堮先生校，不再一一注明。

　　像上面我們列舉的原卷與甲卷借則俱借、俗則俱俗、誤則俱誤、正則俱正、脫則俱脫的例子，如果必要，我們還可以舉出一大串。這種驚人相似的情況，表明原卷與甲卷應該是同出一源的。

二、原卷、甲卷也有一些歧異之處

　　對此我們進行了排比分析，發現幾乎都是甲卷是而原卷非。對原卷致誤的原因進行分析，我們還可以進一步發現原卷的錯誤是抄手據甲卷抄錄時造成的。原卷抄錄致誤的原因包括：

　　1.形近誤辨

　　如626頁「嬋媚各要出塵埃」，「媚」字甲卷作「娟」，「娟」字是。631頁「帝釋勿言感我」，「感」字甲卷作「惑」，「惑」字是。631頁「我今若愛時與」（引者按：「與」字甲卷作「ろ」，疑非「與」字，俟校），「愛」字甲卷作「受」，「受」字是（「受」指收受魔女）。630頁「三從備體，五障纏身」，「經」字甲卷作「纏」而略帶草體，原卷遂誤為「經」字。630頁「如今看即證蕤」，「蕤」甲卷作「芇」，「芇」即「菩提」的合文（見《龍龕手鏡》），原卷誤作「芁」（「芁」是「菩薩」的合文，亦見於《龍龕手鏡》）。620頁「若見時交巧出言詞」，「巧」字甲卷本作「玚」，左半即「工」字手書之小變（「巧」即「巧」的俗字，見《干祿字書》），原卷遂誤為「土」旁。631頁「垢染之纖瑕不巧」（引者按：原錄字及斷句有誤，此據甲卷正），「巧」字甲卷本作「诗」，乃「污」字手書之小變（左旁即「水」旁草書，下頁「紅日看將山上沒」，「沒」字甲卷書作「設」，可資比勘），原卷則誤為「巧」字。

　　2.不察書寫特點

　　甲卷行文中常常有一些乙字、刪字、改字的辦法，原卷抄手在抄錄時每有疏忽，造成訛誤。如630頁「我聞當空月闇，為有浮雲」，甲

卷前句本作「我空聞當月闇」而於「空聞」「聞當」二字的右側並有乙
正符號「✓」，表示原文當乙作「我聞當空月闇」。但原卷的抄手不加
辨察誤抄作「我空聞當月闇」，則文不成句矣（《變文集》作「我聞當
空月闇」，當是據甲卷改）。又如 630 頁：「念浮華為石火令之光，想人
世似風中〔之〕燭。」原校記云：「令」字應是衍文。按：「令」甲卷
有墨點表示當刪，但原卷卻仍照抄「令」字，造成衍文。又如 627 頁：
「何時將豔麗之人，便向吾前布施，但望自家收耳！」前一句甲卷本作
「何時豔麗之人」，「時」字誤，右側旁註一「將」字，表示「時」當改
作「將」，而原卷卻把「將」字抄入正文，誤為「何時將豔麗之人」，
則文意正好相反了！

　　3.傳錄偶誤

　　如 630 頁「爾時持世菩薩語帝釋曰」，原卷脫「曰」字；631 頁「爾
時持世語帝釋曰」，原卷「帝釋」二字誤倒。620 頁「希奇魔女一萬二
千」，原卷「奇」誤作「音」。諸如此類的錯誤，都是傳錄時無意而致。

　　很顯然，甲卷是更為原始的本子，原卷則源出於甲卷，或者說原
卷是根據甲卷抄錄的。由於原卷抄手的文化素養較差，因而有意無意
地造成了一些傳錄錯誤。但由於《變文集》校錄者沒有意識到這一點，
轉取後出的錯誤較多的「原卷」作為底本，因而導致了一些本可避免
的錯誤。下面的幾例錯誤便是因選用原卷作底本造成的：

　　例一，629 頁：「蒙宣法味令齋解，又沐談揚決乘懷。」（「沐」字
「揚」字從徐震堮校）又 630 頁：「副乘情誠察乘懷。」（「副」字「誠」
字從蔣禮鴻校）其中的幾個「乘」字，學術界聚訟紛紛。徐震堮首先
指出「乘」字有誤；蔣禮鴻則認為「乘」字不誤，「乘」通作「朕」，
其義同「我」。陳治文認為「乘」「朕」古韻不同部，通假說不成立，
而懷疑「乘」為「我」字誤植。項楚的看法與陳說大抵相同，他認為

「乘」「我」是草書形近而訛。今覆按底卷，這三個「乘」字俱作「𥝌」形，即「乘」字俗書當無疑問。甲卷則俱作「𢁘」，即「我」字草書。底卷作「乘」，乃抄手傳抄之誤。何以明之？蓋因甲卷「我」字多作楷書「我」字，偶或誤書作「乘」，而皆旁記「我」字（628 頁「我聞修行之者」等四個「我」字，甲卷始俱誤作「𥝌」形，應即「乘」字，但每字右旁注「我」字，表示應改作「我」字），或亦作草書「𢁘」字，如 629 頁「我今時固下天來」，「我」字甲卷作「𢁘」，旁注一「我」字，應指「𢁘」即「我」字。這些「我」字，或本作楷書「我」字，或有旁注楷書「我」字，故底卷俱錄作「我」字，不至錯成「乘」字。但我們前面提到的三個「乘」字，因為甲卷只作草書「𢁘」，而沒有旁注「我」字，底卷抄手以為是「乘」字草書，遂誤錄為「乘」字（「乘」字草書或作「𥝌」（見斯 6557 號《南陽和尚問答雜徵義》），與「𢁘」形近易誤。如 631 頁「真乘差錯為他牽」，「乘」字甲卷作「𢁘」，即草書「我」字之訛變，當校作「我」，底卷誤錄為「乘」字）。又 628 頁「棄居上界，來下天宮」，629 頁「與棄受，莫疑猜」，其中之二「棄」字及 630 頁「乘道力，乞慈哀」的「乘」字，甲卷本亦俱作草書「𢁘」形，亦當是「我」字。二「棄」字底卷作「乘」，即「𢁘」字誤錄，作「棄」則是《變文集》傳錄的錯誤。

　　例二，628 頁：「繡成盤鳳，對芙蓉而爭承嚲羞；刺出鴛鴦，並芍藥而豈無慚恥。」又云：「我今定以捨之，天上承能將去。」629 頁：「與我受，莫疑猜，上界從今承願回。」630 頁：「禪堂內，沒支排，寂寞應知承易偕。」（「沒」字據甲卷、底卷正）例中的幾個「承」字意不可通。其中前三個「承」字袁賓、蔣禮鴻分別校作「不」，極是。這四個「承」字甲卷俱作「𠂤」形，即「不」字俗書。底卷的抄手不加辨察，遂俱誤錄為「承」字（628 頁「禪堂掃灑，清風而不起埃塵」，「不」

字甲卷亦作「𠀋」，底卷錄作「不」字不誤）。又 630 頁：「有斜指，巧難裁，供養祇承順意懷；分禪補坊兼刺繡，更能逐日辦香齋。」其中的「分禪補坊」不可解，「分」字甲卷作「𠂆」，實亦即「不」字俗書（伯 3618《秋吟》「不」字俱書作「𡿨」形），底卷誤錄作「分」。又「禪」當讀作「憚」、「坊」當讀作「紡」。「不憚補紡兼刺繡」即上文「巧裁疑，能繡補」之意。

　　例三，627 頁：「莫生憂慮，我清疑猜。」（「猜」原作「積」，從徐震堮校）「我清」二字費解，也是釋之者眾，紛如聚訟。徐震堮謂「我清」二字有誤。項楚、袁賓並謂「我清」當作「不請」。袁氏謂「清」即「請」的借字，而「不」字俗作「𠀋」，抄手誤錄作「乔」（袁氏謂是「乘」字簡寫），又誤作「我」。潘校則云：「伯 3079『不』原作『我』，塗改為『不』。《變文集》從原卷作『我』。規疑『不清疑積』當作『請不疑猜』。」按：以上諸說，項校、袁校「我清」為「不請」，最為卓見。潘校核之於寫本底卷，頗為可貴，惜其說之未了，猶未達於一間。今覆按甲卷，「我」字右側注一「不」字，指「我」為「不」字誤書，當改作「不」字。「清」字甲卷實本作「請」（「請」的言旁作簡體「讠」，各家誤辨為水旁），故甲卷實本作「不請疑猜」，底卷抄手不察旁記字，照錄「我」字，「請」又誤錄為「清」，致文意扞格難通了。至於「不請」之意，項氏謂猶言不必，乃唐人俗語。潘氏謂「不請」疑當作「請不」，未確。

　　例四，626 頁：「爾時魔王告持世因曰……」潘校：「伯 3079『因』，塗去改『曰』。《變文集》從原卷作『因曰』。」按：底卷「因曰」只作一「因」字，無「曰」字；甲卷本作「因」，「曰」字注於「因」字右下側，此指「因」為「曰」字誤書，當改作「曰」（甲卷「因」字無塗改）。底卷抄手不加察辨，錄「因」而去「曰」，可謂疏於裁擇了。

　　例五，628頁：「欲發萌芽之種，須灑春雨膏；欲開蟄戶之門，應時雷震。」潘書第二句作「欲灑春膏」，校云：「伯3079原作『須灑春雨膏』，『雨』字塗去。《變文集》作『須灑春雨膏』，但原卷作『須春雨膏』。」按：潘校第二句作「須灑春膏」是對的。但底卷本作「須灑春兩膏」，「灑」字有塗改，或當刪去。蓋底卷抄手據甲卷抄錄時，沒有注意「雨」字有塗抹當刪去，仍照錄之。但與下文「應時雷震」相比，此句當是四字，故又臆刪一「灑」字（「灑」字為句中動詞謂詞，不可刪），可謂一誤而再誤了。又末句「時」疑當作「待」，形近而誤。

　　例六，622頁：「妖桃強逞魔菩薩，羨美質徒惱聖懷。」蔣禮鴻謂上句「逞」字當乙至句首，「徒」通作「圖」，未確。潘書下句作「美質徒誇惱聖懷」，校記云：「原卷作『羨美質徒誇惱聖懷』，圈去『誇』字。伯3079『美』原作『羨』，旁注『美』，似改『羨』為『美』。《變文集》從原卷。」按：潘校是。甲卷「羨」字右下側注「美」，正是指「羨」為「美」字誤書，當改作「美」。底卷抄手不達，以為「美」字是旁記脫字，便補入正文，遂致誤衍一字，而又妄刪「誇」字（「誇」字與上句「逞」對偶同義，絕不可刪。本頁下文及625頁並有「誇」、「逞」對偶之句，可資旁證）。

　　例七，631頁：「垢染之穢，纖瑕不巧，塵濛之小，許難沾智。圓與看澄，揵漏盡，何欲明法眼。」這一段話衍文誤字頗多，標點亦多誤，素稱難懂。「揵」甲卷作「荓」，即「菩提」的合文，底卷誤錄為「荓」。《變文集》錄作「薜」，不確。徐震堮校云：「智」疑是「著」字之誤。蔣禮鴻謂當校讀作：「垢染之穢，纖瑕不污；塵濛之□，小許難沾，智圓與看證菩提，漏盡何欲明法眼。」後面兩句蔣校斷句是。前幾句潘書校點作「垢染之纖瑕不污，塵濛之小許難沾。」但沒有說明理由。今謂潘讀是。查甲卷，「穢」字有塗改，蓋當刪去之。甲卷、底卷

「污」字下、「沾」字下、「菩提」下各空一格左右的距離，明明告知當讀斷。惜校錄者不察，致錄文斷句多誤。又「小許」當讀作「少許」；「與看」之「與」當讀作「而」，「看」與下句的「欲」對文近義（「看」有將，欲之義，變文中習見，如同篇下文「紅日看將山上沒」、上文「如今看即證菩提」，「看將」、「看即」並為同義連文）；「何欲」之「何」疑為「向」字（或「自」字）形誤。「智圓而看證菩提，漏盡向（自？）欲明法眼」，上下儷偶，文義愜當。蔣校謂「何欲」的「欲」字誤，未確。

附《維摩詰經講經文》（五）校議

620 .2　（指《敦煌變文集》的頁數及行數）經云：時魔波旬從萬二千天女狀，帝釋鼓樂絃歌，來詣我所。

　　潘書斷句同上，未當。《敦煌變文字義通釋》「狀」條以「狀」字屬下讀，極是。姚秦三藏鳩摩羅什所譯《維摩詰所說經》經文作「狀如帝釋」，可資比勘。

620.3　是時也波旬設計，多排綵女嬪妃，欲惱聖人。剩烈奢華，艷質希奇，魔女一萬二千，最異珍珠千般結果。

　　本段斷句多誤。潘書於「珍珠」後逗，然仍誤處尚多。蔣禮鴻以「艷質」屬上讀，極是。項楚進而謂「嬪妃」後用分號，「聖人」後改施逗號，「艷質」後施句號，「希奇魔女」連讀，後用逗號，並可從。今檢甲卷、底卷寫本，「也」「計」「妃」「人」「二千」「珠」「果」諸字後並空一格左右的距離，表示當讀斷。校錄者不察，遂多誤斷。又「剩烈」二字原校作「盛裝」，潘校則謂似當為「盛列」。按：「烈」當作「列」，徐震堮校及蔣校皆已發之；「剩」字則不煩改。「剩」有多、盛義，詩詞曲語中經見。本篇下文「莫不剩裝美貌」，「呈珠顏而剩逞妖容」，原亦校「剩」為「盛」，潘書從之，其誤同。又「果」字

項校作「裏」,應從之。

620.7　薄纖(引者按:當作縠)掛身,曳殊常之翠彩。

「纖」當即「縠」的俗字。「縠」字本已從糸,但因為這個表示意義的偏旁是在字的左下側,於義不顯,故俗書復加一糸旁。同理如「然」字加火旁,「梁」字加木旁,「粱」字加米旁,並其比類,贅加偏旁是俗字的特點之一。

620.9　合玉指而禮拜重重,出巧言而詐言切切。

「巧言」潘書作「巧語」,校云:「原卷『語』字,《變文集》作『言』。」按:甲卷亦作「巧語」,作「巧言」乃《變文集》校者涉下「詐言」之「言」而誤錄。

620.12　任伊修行緊切,稅調著必見回頭。

劉凱鳴校「著」為「者」,未確。「著」字不誤。上文:「若見時交巧出言詞,稅調者必生退敗。」其中的「者」乃「著」字之誤(底卷、甲卷皆作「著」,作「者」乃《變文集》傳錄之誤,潘書已改正)。劉氏校「著」為「者」,所據蓋即上文誤字。

620.12　魔王道:「我只伇去,定是苹識我。不如作帝釋隊仗,問許伊時苹。」

例中「苹」字底卷、甲卷俱作「菩薩」,不應改正而從俗。「只伇」,徐震堮疑當作「只沒」,確。「伇」應是「伇」字俗書(「伇」為「役」之古字,見於《説文》),文中則為「沒」的形誤字。又「問許伊時菩薩」一句費解,「許」當作「誶」(「誶」字俗作「誮」,與「許」形近)。「問誶」同「問訊」。下文:「問誶莫教生驚覺。」(「誶」字底卷、甲卷並作「誮」)「問誶」義同。「時」字甲卷作「持」,「持」字是,下當脱一「世」字。原文當作:「問誶伊持〔世〕菩薩。」又「魔王」語至此句止句末當加後引號。

620.13　周回捧擁，百匝千連。

　　蔣禮鴻校「連」為「遭」，極是。「遭」字俗書作「遺」，與「連」形近易誤。《捉季布傳文》：「九族潘遭違敕罪。」「遭」字己卷誤作「連」是其比。

621.6　天女咸生喜躍，魔王自己欣歡。

　　徐震堮校：「自己」恐當作「已自」。按：「己」當作「已」（原卷、底卷本作「已」字）。句意謂天女（即魔女）之美，魔王自己也已覺欣歡了。「自已」不必乙。

621.15　胡亂莫能相比並，龜茲不易對量他。

　　「亂」字徐震堮、蔣禮鴻並校作「部」，極是。「胡部」與「龜茲」對偶，當並指樂曲而言（「龜茲」即龜茲樂曲的省稱，隋時有所謂「九部樂」，即清樂、西涼、龜茲、天竺、康國、疏勒、安國、高麗、禮畢，「胡部」當即指九部樂而言）。上文亦有「胡部之豈能比對」之語。

623.1　隊杖恰如帝釋下，威儀直似梵王來。

　　徐震堮校「杖」作「仗」，確。「隊仗」變文中習見。上文「不如作帝釋隊仗」，即有「隊仗」一詞。

623.2　須隱審，莫教積，詐作虔誠禮法臺。

　　「隱審」甲卷作「穩審」，潘書從之。按：「穩」字見於《說文新附》，是「𣢮」「隱」的後起俗字。凡「安穩」「穩審」之字古書多作「隱」。敦煌寫本中則「穩」「隱」並見，可見當時在安穩、穩妥意義上由「隱」向「穩」的轉變並未完成。底卷作「隱審」可謂得其字形之朔，而潘氏以今律古，改從甲卷作「穩審」，則是本末倒置了。潘校又謂「積」似當作「猜」，是。然徐震堮校即已發之。

623.3　問誶莫教生驚覺，慇懃勿遣有遺乖。

　　潘校「誶」字云：「原卷及伯3079均作『訐』，當是『訊』字，《變

文集》作『誶』。」按：從字形上說，「誶」顯然是「誶」字（「卒」字或「卒」旁俗書作「卆」，如上文「如拋碎玉於盤中」，「碎」字甲卷作「砕」，可以為證）。「問誶」同「問訊」，古籍中「訊」「誶」混用。

623.12　經云：與其眷屬啟首我足，合掌恭敬，及至而修堅法。

「啟」當讀作「稽」。《維摩詰所說經》經文正作「稽」。又「及」似為「乃」字增筆之誤。「乃至」為講經文節引經文時習見之語。

624.11　經言：我言為是帝釋，而語之言：善來，嬌尸迦！乃至與修堅法。

《維摩詰所說經》經文「言為」作「意謂」；「嬌尸迦」作「憍尸迦」。又「與」當讀作「而」，經文正作「而」字。下文：「似箭射空，勢盡而終歸墮地。」「而」字底卷、甲卷本作「與」字，「與」亦為「而」的借字。《變文集》及潘書徑錄作「而」字，則於例未安。

626.8　須記取，傾心懷，上界天宮卻請回。

潘書改「傾」為「領」，校云：甲卷作「領」，《變文集》作「傾」。按：底卷亦作「領」字。作「傾」乃《變文集》誤錄。

626.15　以感千生之便，得漸萬善之恩。

「漸」字潘書據底卷、甲卷改作「慙」，是。「慙」蓋為「慚」字別構，「慚」與上句「感」對文同義。伯3618《秋吟》：「滿面慙顏陳瑣薄。」「慙」亦即「慚」字。

626.16　且令逐日祇供，可備晨昏驅使。

「晨」字潘書同，底卷及甲卷俱作「辰」。下文：「晨昏須遣樂哈哈。」底卷、甲卷亦作「辰昏」。「辰」通作「晨」，然不得徑改作「晨」。上文「想知辰夜寂寥」，「辰」亦通作「晨」。校者或改或不改，於例亦未能一致。

627.7　一萬二千天上女，師兄收取且祇恭。

　　「收取」潘書同，誤。底卷、甲卷本作「留取」，應據改。「恭」當讀作「供」，「祗供」為侍奉、供奉義。上文「且令逐日祗供，可備晨昏驅使」，字正作「供」。本篇 628、629、630 頁又有「祗承」一詞，「祗供」、「祗承」義近。又 631 頁：「山林中無可交恭，幽室內慚虧看侍。」「交」字潘書據底卷、甲卷改作「支」，校云：「支恭」猶「支供」。按：據本篇的用詞習慣，「支」似亦當讀作「祗」。「祗供」與下句「看侍」近義。

627.9　躭迷者定人生死，趣向者必沉地獄。

　　「躭」即「耽」的俗字（見《玉篇》）。「趣」底卷、甲卷俱作「趣」，「趣向」不誤，不得徑改為「趨向」。又「生死」底卷、甲卷俱作「死生」，應據乙。

627.10　不居塵世之中，不尋事情之內。

　　「事情」底卷、甲卷實作「世情」，應據改。「世情」上文已見。

630.9　經云：我言憍尸迦，無已此非法之物，邀我沙門釋子，此非我宜。

　　「憍」，《維摩詰所說經》經文作「憍」。「已」，原校作「以」，確，經文正作「以」。「邀」，經文作「要」，「要」指要挾、強迫（《廣韻‧宵韻》：「要，俗言要勒，於宵切。」），於義為長。又「宜」當校作「宜」，經文正作「宜」字。

630.13　況此之女等，三從備體，五障經身。

　　徐震堮校：「三從」在此處無義，疑當作「三徒」，乃「三塗」之同聲字。按：徐校非是。「三從」即「三從四德」之「三從」。《超日月三昧經》卷下曰：「女有三事隔五事礙，何謂三？少制父母，出家制夫，不得自由，長大難子，是謂三。」《法句譬喻經》卷二亦云：「我等稟形生為女人，從少至老為三事所監，不得自由。」佛教以「三從五

障」（「五障」指女人身不得作梵天王、帝釋、魔王、轉輪聖王、佛身等五障）為女人修行的障礙。下文「三從五障在身邊」，文意正同。又「經」字潘校據甲卷改「纏」，確。

630.14　如今看即證提。

「提」甲卷作「𦬸」，即「菩提」合文（見《龍龕手鏡》），底卷誤作「𦬸」（「菩薩」的合文，亦見《龍龕手鏡》）。《變文集》錄作「提」，不當。

631.8　我以超於生死，不住愛河，向出塵勞，拋居障海。

「向」當作「逈」，「逈」即「迴」的俗字（見《干祿字書》）。敦煌寫本中「迴」字多書作「逈」。「逈」省去偏旁則為「向」。敦煌寫本中有省略偏旁的通例。如同頁以「曹」為「遭」，即其例。故「向出塵勞」應即「迴出塵勞」。敦煌寫本唐太宗《大唐三藏聖教序》有「起六塵而迴出」之語，更其切證。《敦煌變文字義通釋》「詞乖　詞向」條釋「向出」為違離，照字直解，恐非其當。

632.8　室中不清更遲疑，上界程遙去是時。

潘校「不清」疑當作「請不」。按：潘校「請」字是。「不請」即不必義，二字不當乙。又上文：「不情室中久住，速望回歸。」徐震堮疑「不情」當作「請勿」，非。項楚校「不清」作「不請」，是也。

（本文與郭在貽、黃征合寫，原載《古籍整理與出版情況簡報》第 208 期，1989 年）

參

敦煌變文校讀札記

　　一九九七年五月，中華書局出版了黃征教授和筆者合作撰著的《敦煌變文校注》，受到學術界積極的評價。這部書是一九九二年向出版社交稿的。這些年來，筆者在讀書的過程中，不時發現該書有一些需要校正的地方。現條列於下，敬請方家教正。

一、豪州入冥僧

　　《敦煌變文校注》卷五《金剛般若波羅蜜經講經文》有云：

　　經：「爾時惠命須菩提白佛言：世尊，頗有眾生於未來世，聞說是法，生信心不？問也。佛言：須菩提，彼非眾生，非不眾生。答也。何以故？徵也。須菩提，眾生者，如來說非眾生，是名眾生。釋也。」
　　……此六十字自豪州入冥僧還魂後，於石碑上得之也。
　　崇聖寺僧入

　　此唱經文意義長，勸人達理悟無常。業道之中猶自念，冥司稱讚
足威光。

　　《還魂記》內分明說，廣異文中有吉祥。在世之中銷苦難，臨終決
定住西方。

這段話中有一些不太好懂的地方。《校注》於「豪州入冥僧」下引徐震
堮校云：「『豪』疑當作『亳』。」又於「崇聖寺僧入」下引潘重規校云：
「『入』下或尚有字，而前豪州入冥僧，或即崇聖寺入冥僧，其入冥經
過見於所撰《還魂記》中也。蓋講者註明於講經文中。」

　　今按：「崇聖寺僧入」五字疑為衍文當刪。「豪州」同「濠州」。「濠
州」為漢九江郡地（今安徽鳳陽），隋曰豪州，唐改曰濠州。這段話是
用唐釋靈幽持誦《金剛經》死後還魂的故事。宋贊寧《宋高僧傳》卷
二五讀誦篇《唐上都大溫國寺靈幽傳》云：

　　釋靈幽，不知何許人也。僻靜淳直，誦習惟勤。偶疾暴終，杳歸
冥府。引之見王，問修何業。答曰：「貧道素持《金剛般若》，已有年
矣。」王合掌，屢稱善哉。俾令諷誦。幽吮唇播舌，章段分明。念畢，
王曰：「未盡善矣。何耶？勘少一節文。何貫花之線斷乎？師壽命雖
盡，且放還人間十年，要勸一切人受持斯典。如其真本，即在濠州鍾
離寺石碑上。」如是已經七日而蘇。幽遂奏，奉敕令寫此經真本，添其
句讀在「無法可說，是名說法」之後，是也。

相似內容又見於《永樂大典》卷七五四三《金剛證驗賦》「陰官歸向」
句下注，文云：「長慶二年，上都大溫國寺僧靈幽凡（死），經七日見
閻羅王，問曰：『和尚在生受何經業？』答云：『貧道一生常持《金剛

經》。』王言善哉善哉。王遂合掌請誦斯經。靈幽便唸經訖。王曰：『猶
少一偈。師壽命已盡，更放歸人間十年，勸一切人持念此經。真本在
豪州鍾離寺石碑上。』靈幽遂奏，奉敕令寫此經真本，添此偈在『無法
可說，是名說法』之後。」同卷《金剛感應事蹟》亦云：「釋靈幽在京
大興善寺出家。長慶二年暴亡。已經七日，體質微煖，而未殯之。自
見二使引見閻摩天子，敕問幽在世習何行業。幽對曰：『貧僧一生常持
《金剛般若經》。』天子合掌賜坐，命幽朗誦一遍。地獄煎熬捶楚之
苦，一時停息。誦經畢，天子再問幽曰：『念此經中而少一章。師壽合
終，今加汝壽十年。歸世勸人受持此經。真本在濠州鍾離寺石碑上。』
幽既還魂，具錄表奏唐天子。奉敕差中使往濠州碑上看此經，在『無
法可說，是名說法』後增『爾時慧命須菩提』至『如來說非眾生，是
名眾生』是也。」

　　又考敦煌寫本伯 2094 號《持誦金剛經靈驗功德記》亦載有釋靈幽
還魂故事，其文云：

　　昔長安溫國寺僧靈幽忽死，經七日，見平等王。王問和尚曰：「在
生有何經業？」靈幽答曰：「持《金剛經》。」王遂合掌請念。須臾念
竟。王又問和尚曰：「雖誦得此經，少一偈者何？」靈幽答王曰：「小
師只依本念，不知欠何偈？」王曰：「和尚壽命已盡，更放十年活。此
經在濠州城西石碑上自有真本，令天下傳。」其僧卻活，具說事由矣。

後例「濠」字原卷右旁作「毫」，應為改換聲旁俗字。以上記載雖然字
句略有出入，但可以證明前述講經文及《金剛證驗賦》注的「豪州」
應即「濠州」無疑；而所謂「入冥僧」，則應即唐釋靈幽是也。
　　又按：《金剛經》有後秦鳩摩羅什、北魏菩提流支、陳真諦、隋笈

多、唐玄奘、義淨等不同譯本（前三譯全稱《金剛般若波羅蜜經》，後三譯分別稱《金剛能斷般若波羅蜜經》《能斷金剛般若波羅蜜多經》和《佛説能斷金剛般若波羅蜜多經》），前述講經文是據鳩譯經演繹。宋代以後的《大藏經》刻本所載鳩譯經均有前述講經文所引「爾時惠命須菩提白佛言」以下六十字（其中「眾生者」的「者」字前《大藏經》各刻本重複「眾生」二字，疑為衍文當刪），而《房山石經》本無此六十字。敦煌卷子中所見鳩譯《金剛經》各本或有此六十字，或無此六十字。有此六十字者或許即據濠州碑本添補。上揭伯 2094 號《持誦金剛經靈驗功德記》寫卷後抄有鳩譯《金剛般若波羅蜜經》等內容，經文被後人分為三十二分，包括「法會因由分第一」至「應化非真分第三十二」。在「非説所説分第廿一」之後，「無法可得分第廿二」之前，有「遺漏分添六十字」七字，下為三行小字，所抄即前述講經文所引「爾時惠命須菩提白佛言」以下六十字。[1] 伯 2094 號《持誦金剛經靈驗功德記》末有小字題記三行，其中有云：「於唐天復八載，歲在戊辰四月九日，布衣翟奉達寫此經讚驗功德記，添之流布。」經文之末又有題記云：「布衣弟子翟奉達，依西川印出本內抄得分數及真言，於此經內添之，兼遺漏分也。」題記字跡與三十二分及遺漏分添補之字相同，而與經文不同。據此，分數及遺漏分六十字當皆係唐末翟奉達據西川印本增補。翟氏添補遺漏分六十字，顯然是受到釋靈幽還魂故事的影響。由此可見傳本鳩譯《金剛般若波羅蜜經》確實有過遺漏和添補六十字的事。明白了這一來龍去脈，前述《金剛般若波羅蜜經講經文》「此六十字自豪州入冥僧還魂後，於石碑上得之也」云云，才算真正搞清楚了。

1　敦博 53 號、津藝 213 號《金剛般若波羅蜜經》作「加冥司偈六十字」，其下所抄六十字字體大小與上下經文相同，其中「惠命」該三本皆作「慧命」，「惠」通「慧」；「聞説是法」津藝 213 號經本同，伯 2094 號、敦博 53 號經本皆作「説是經法」。

二、黃鷹詩

《敦煌變文校注》卷五《妙法蓮華經講經文》（三）：

黃鷹云云——詩天邊：

恰似黃鷹架上，天邊飛去有心。還同世上凡夫，出離死生有意。

鷹在人家架上，心專長在碧霄。眾生雖在凡間，真性本同諸佛。

黃鷹雖在架頭安，心膽終歸碧落間。眾生雖在娑婆界，心共如來恰一般。

鷹也有心飛去，未知誰解解綃。眾生大（待）擬出興，未知誰人救拔。

黃鷹爪距極纖芒，爭那絲綃未解張。凡夫佛性雖明了，爭那貪嗔業力強。

有一聰明智惠人，解與黃鷹解縈絆。有一釋迦三界主，解解眾生惡業繩。

絲綃解了架頭鷹，飛入碧霄不可見。業繩斷處超三界，卻覓凡夫大煞難。

勸君速解架頭鷹，從他多翼飛雲外。勸君速斷貪嗔網，早覓高飛去淨方。

絲綃斷處碧雲間，萬里青霄去不難。爭那妄心貪愛縛，萬劫輪迴不暫閒。

淨土高飛未有程，凡夫顛倒妄心生。既無少善資身業，闇眼三塗路上行。

……

鷹解了，法門開，堪與門徒殄郭災。淨土碧霄今不遠，遨遊飛去也唱將來。

這一段韻文以架上黃鷹嚮往自由起興，誘導眾生信佛奉法，諄諄教誨，可謂苦口婆心。但韻文之前的「黃鷹云云——詩天邊」所指云何，筆者當初卻不得其解。近讀宋李昉編《太平廣記》，該書卷一七五崔鉉條云：「魏公崔相鉉，元略之子也。為童兒時，隨父訪於韓公滉，滉見而憐之。父曰：『此子爾來詩道頗長。』滉乃指架上鷹令詠焉。遂命餞筆。略無佇思，於是進曰：『天邊心性架頭身，欲擬飛騰未有因。萬里碧霄終一去，不知誰是解縧人。』滉益奇之。嘆曰：『此兒可謂前程萬里也。』」（出《南楚新聞》）《全唐詩》卷五四七載崔氏此詩，題作《詠架上鷹》，首句作「天邊心膽架頭身」（據上揭講經文「黃鷹雖在架頭安，心膽終歸碧落間」一聯考之，似當以作「心膽」為是），其餘同。上揭講經文所詠黃鷹與崔氏此詩立意全同，詩句亦多有沿襲相因之處，因悟上引講經文「黃鷹云云」實本崔鉉《詠架上鷹》詩而言，「詩天邊」即指「天邊心膽架頭身」云云。講經文作者或傳抄者於其熟知詩文詞句，多有省抄之例（參看拙作《敦煌變文校讀釋例》，載《敦煌學輯刊》1987 年第 2 期）此蓋亦即其一例也。明乎這一出典，上面這一大段韻文的立意也就好懂得多了。

三、一個未曾入校的《大目乾連冥間救母變文》的節抄本

伯 4044 號，《敦煌遺書總目索引》題「雜文數篇」，《敦煌寶藏》題《吏部尚書兼御史大夫曹公帖》《修佛塔文》。今查該卷，《修佛塔文》（作於「大唐光啟三年丁未歲次五月拾日」）後抄有《大目乾連冥間救母變文》一節，其文如下：

目連至刀山地獄，見罪人支支節節皆零落處：
刀山白骨亂縱橫，劍樹人頭千萬顆。欲得不攀刀山者，無過寺家填好土。

栽插果木入伽藍，布施種子陪常住。

阿你箇罪人不可說，累劫受罪度恆沙，從（縱）仏涅般仍未出。

此獄東西數百里，罪人亂走肩相椒。業風吹火向前燒，獄辛把杈從後插。

身手應時如瓦碎，手足當時如粉沫。佛（沸）鐵騰先（光）向口傾，著者左穿如有穴。

銅箭傍飛射眼精，劍輪直下空中割。謂言千載不為人，鐵把（杷）摟聚還交活。

該段後，原卷接抄《修文坊巷再緝上祖蘭若標畫兩廊大聖功德讚並序》一篇。由於上揭《大目乾連冥間救母變文》一節原卷抄在上述雜文的中間，又無篇題，所以一直未引起人們的注意。筆者在普查除佛經以外的漢文文獻時，注意到這一寫本，經與《敦煌變文校注》所收《大目乾連冥間救母變文》相關段落核對，確知上一段係《大目乾連冥間救母變文》的節抄本，其文句與《校注》第 1029 頁倒數第五行至第 1030 頁第二行基本相同，唯首句《校注》所據《大目乾連冥間救母變文》為一段近三百字的文字，而上一段則只有「目連至刀山地獄」一句，應係抄者節刪。

　　這一節抄本雖然只有短短的一百四五十字，但卻頗有佳勝之處，可據以印證或糾正前人的一些校說或疏誤。如《校注》於「身手應時如瓦碎」句下出校記云：「時，原錄作『是』，項楚校：『「應是」當作「應時」與下句「當時」同義。』按：項校是。原卷本作『應時』，『時』字右旁注『是』字。根據寫本中旁注字的通則，應是指『時』當改作『是』。但寫本中亦往往有原字不誤而旁注字誤的情況，此亦其例。」今查上揭節抄本正作「應時」而不作「應是」，可證項校及《校注》的

補證是正確的。又如《校注》「佛（沸）鐵騰先（光）向口傾」句的「傾」字作「顐」，並出校記云：「顐，《説文》云『出額也』，即突出的額角，直追切。原校作『顱』，於義無取。鄭振鐸《中國俗文學史》『變文』章引作『澆』，蓋因『顱』而讀作『澆』，未知確否。又徐校作『傾』，亦可備一説。」現在看來，這個字徐震堮校作「傾」是對的，上揭節抄本正作「傾」字，便是明證。又「謂言千載不為人」句《校注》作「為言千載不為人」，校記云：「為言，當讀作『謂言』，以為之意。甲卷作『唯言』，亦通。」根據上揭節抄本作「謂言」來看，校作「謂言」應該是正確的，而「為」「唯」則應皆為「謂」的音誤字（「為」「謂」古字通用）。又「著者左穿如有穴」句《校注》作「著者左穿如右穴」，校記引徐震堮校「如右穴」作「而右穴」，總感到不太對勁，而上揭節抄本作「如有穴」，亦頗可啟發我們的思致。

四、《父母恩重經講經文》所據經本新探

　　《敦煌變文校注》卷五所載《父母恩重經講經文》兩種，是據伯2418 號和北圖河字 12 號寫卷校錄（以下簡稱伯 2418、北河字 12）。筆者昔撰《以父母十恩德為主題的佛教文學藝術作品探源》[2]、《敦煌本父母恩重經研究》[3] 等文，已指出其所據經本為伯3919 號《佛説父母恩重經》（以下簡稱伯 3919）系統的經本。但仔細比對，發現這兩種講經文所引經文與伯 3919 號《佛説父母恩重經》經本字句略有不同，是別有所據呢，還是引者有所改動呢？當時疑不能決。最近翻檢《俄藏黑水城文獻》，意外地發現了四種未曾引起學術界注意的《佛説父母恩重經》的殘寫本或殘刻本，其中 TK119 號《佛説報父母恩重經》和

2　載《原學》第 2 輯，北京：中國廣播電視出版社，1995 年。

3　載《文史》1999 年第 4 輯。

TK139 號《佛說父母恩重經》兩個本子（以下簡稱 TK119、TK139）的
部分內容與上述經本或講經文所引經文重合，為解決筆者的疑問提供
了有價值的線索。現把上述講經文所引經文與各經本的一些較重要的
異同情況表列如下：

伯 2418	北河字 12	伯 3919	俄 TK119	俄 TK139
雖沾人品	缺	雖居人品	雖霑人品	缺
心行愚懞	缺	心行愚蒙	心行愚懞	缺
棄德背恩	棄恩輩（背）恩	棄恩背恩	棄恩背德	缺
無有人慈	無有人慈	無有人慈	無有仁慈	缺
受諸痛苦	受諸苦痛	受諸苦痛	受諸痛苦	受諸苦痛
只恐無常	只恐無常	恐畏無常	恐畏無常	恐畏無常
血流灑地	血流遍地	血流遍地	血流遍地	血流灑地
飲母白血	飲母白血	飲母白乳	飲母白血	飲母白血
兒行千里，母行千里；兒行萬里，母行萬里	缺	無	兒行千里，母心行千里；兒行萬裡，母心行萬里。	缺
父母亦病	缺	父母病生	父母病生	缺
父母方差	缺	父慈母方差	慈母方差	缺
拗眼列（通裂或挼）睛	缺	拗眼路（露）睛	拗眼挼睛	缺
毀辱尊親	缺	毀辱親情	毀辱親情	缺
不遵師長	缺	不遵師範	不遵師範	缺

根據上表所列，我們不難看出，伯 2418 號等兩種講經文所引經文確與
伯 3919 號《佛說父母恩重經》經本字句有所不同，但卻往往與俄藏
TK119、TK139 號經本相合，這說明講經文所引經文字句的不同大多應

該是另有所本的，而非出於引者臆改。但講經文所引經文與俄藏 TK119、TK139 號經本也不完全相同，而是同中有異，異中有同，情況比較複雜。但總的來看，伯 2418 號等兩種講經文所引經文與上揭各種經本應是出於同一系統的，只是在流傳過程中，經文字句或多或少發生了一些變異，其中大多數是由於傳抄或傳刻訛變造成的。如伯 3919 號經本無「兒行萬里」以下四句當係抄脫，「棄恩背恩」當係「棄恩背德」或「棄德背恩」之誤，「父慈母方差」當係「父母方差」或「慈母方差」之誤，「無有人慈」當係「無有仁慈」之誤；伯 2418 號講經文「毀辱尊親」以據伯 3919 號等經本作「毀辱親情」為長（「親情」指親戚），「不遵師長」以據伯 3919 號等經本作「不遵師範」為長，等等，當皆與抄刻訛誤有關。至於「雖沾（霑）人品」（「沾」「霑」古通用）與「雖居人品」、「受諸痛苦」與「受諸苦痛」、「只恐無常」與「恐畏無常」、「血流灑地」與「血流遍地」、「父母亦病」與「父母病生」，含意大體相同，當係抄者或刻者無意造成的異文，無須深究。但伯 3919 號經本「飲母白乳」似以據各本作「飲母白血」為長，「拗眼路睛」或「拗眼列睛」似以據俄藏 TK119 本作「拗眼捩睛」為長。《玉篇·手部》：「捩，拗捩。」「拗眼」「捩睛」係同義並列，指側目而視，表示對長輩的不順從，契於經義。又古人以為乳由血變，故稱母乳為「白血」，經中寓指母親奉獻給子女的不是普普通通的乳汁，而是她的心血，說明父母養育子女的不易。倘作「白乳」，似乎就顯得過於平淡無味了。

（原載《中華文史論叢》第 63 輯，
上海：上海古籍出版社，2000 年）

肆

《敦煌歌辭總編》校釋補正

敦煌寫本古籍，素以理董困難見稱，其中尤以變文、歌辭、王梵志詩等通俗文學作品為然。這些作品源於民間，大多用當時的口語寫成，或「字面普通而義別」，或「字面生澀而義晦」；加上屢見傳抄，俗訛別字，盈紙滿目，校理殊非易事。一九八七年，上海古籍出版社推出任半塘先生的《敦煌歌辭總編》，洋洋百餘萬言，誠為敦煌歌辭方面「收羅最廣，用力最勤的一部巨著」，反映了「敦煌學研究的最新成果」[1]。然該書在錄文校勘方面，卻尚多粗疏武斷之處，未能臻於美善。下面擷其要者十例，試作評議。

一、169 首《取性游》：「蟒蛇鹿麞作隊行，猿猴石上打筋斗。林中鳴，種種有，更有醍醐沽美酒。」

任校：「蟒蛇」句原本六字，「蟒」難辨，從六一七首補；「蛇」

1　《敦煌歌辭總編》書背提要語。

原寫「觕」。

　　按：上辭見於斯 5692 卷，首句前四字原卷（據縮微膠卷，下同）實作「觕鹿獐兒」宜校作「麠鹿獐兒」，「麠」「鹿」「獐」皆為麇鹿之屬，文義順適。任校漏錄「兒」字，又臆增烏有之「蟒」，可謂一誤而再誤。又末句「酤」字原卷實作「醐」，宜據正。「醍醐」於義無取，文中當讀作「提壺」，謂提壺鳥也。劉禹錫《和蘇郎中尋豐安裡舊居寄主客張郎中》詩：「池看科斗成文字，鳥聽提壺憶獻酬。」[2] 又作「提葫蘆」「提胡盧」「提壺蘆」等。歐陽修《啼鳥》詩：「獨有花上提葫蘆，勸我沽酒花前傾。」[3] 斯 3835《百鳥名》：「唸佛鳥，提胡盧，尋常道酒不曾酤。」案宋王質《林泉結契》[4] 卷一云：「提壺蘆，身麻斑，如雞而小，嘴彎，聲清重，初稍緩，已乃大激烈。」蓋「提壺」「提壺蘆」等本因其鳴聲而得名，俗乃因「壺」「壺蘆」為盛酒之器，而附會沽酒獻酬之意也。任校不明「醍醐」為「提壺」之借音，因臆改「醐」為「酤」，而不知其義之不可通也。

　　二、267 首《杖前飛・馬毬》：「青一隊，紅一隊，敲磕玲瓏得人愛。」

　　任校：二本「敲磕」寫「軻皆」。《維摩詰經講經文》：「由是停移寶蓋，整頓金冠。玲瓏而牢地朱纓，敲磕而塞階珂珮。」《維摩詰經變文》（蘇 Φ101）：「朱纓垂[5]地，香風吹敲磕之聲；光彩輝天，瑞氣瑣籠瓏之色。」是「敲磕」乃佩玉相撞之聲。

2　見《全唐詩》卷三六一，北京：中華書局，1960 年，第 4078 頁。

3　見《歐陽修文忠公全集》卷三，《四部叢刊》本。

4　《叢書集成初編》本。

5　「垂」原卷作「卒」，周紹良《敦煌變文論文錄》校作「窣」，是，宜據正。任校引《維摩詰經講經文》「牢地朱纓」之「牢」，亦宜校作「窣」。

　　按：「軻皆」「皶磕」形音俱殊，任校臆加改訂，實難令人信從。今謂「軻皆」當為「軻背」之訛。「背」「皆」手寫形近易誤。《敦煌變文集》[6]卷一《捉季布傳文》：「臣憂季布多頑逆，不慚聖德皆皇恩。」徐震堮校：「『皆』字恐是『背』字之誤。」[7]又伯2418《父母恩重經講經文》：「思量人世事難裁，父母恩深不可𰚩。」末字乃「背」的手寫體，《敦煌變文集》691頁誤錄作「皆」，皆其證。考上辭見於斯2049、伯2544兩個敦煌寫卷，斯卷「軻皆」本作「軻背」，伯卷作「軻𰚩」，實皆應為「軻背」二字，任錄誤。「軻背」文中當讀作「珂珮」。「軻」「珂」《廣韻》並音苦何切，同音通用。《敦煌變文集》卷二《韓朋賦》：「齒如珂珮，耳如懸珠。」王慶菽校記：「『珂』原作『軻』，據兩卷改。」玄應《一切經音義》卷六：「珂貝，苦何反，螺屬，生海中，潔白如雪者也。經文作『軻』，口佐反……『軻』字非義。」可證「軻」「珂」古字通用。「背」字《廣韻》補妹切，「珮」蒲昧切，僅聲母微殊，其可通用，亦應無疑問。「珂珮」又作「珂佩」，指官員朝服上的玉帶或以螺蛤貝殼聯綴而成的腰帶，為佛典和敦煌俗文學作品中習見之辭。如《敦煌變文集》卷一《李陵變文》：「由（猶）更賜其珂珮、白玉裝弓勒鞘。」又《維摩詰經講經文》（斯4571）：「手撼珊瑚鸚鵡動，風搖珂珮鳳凰編。」《敦煌變文論文錄》[8]所附《維摩碎金》：「持行搖動玉環聲，波過敲鳴珂珮響。」皆其例。「珂珮玲瓏得人愛」，「珂珮」蓋指打馬毬遊戲的騎士束的以貝殼等聯綴而成的腰帶，「玲瓏」為玉聲，文義順適。

6　人民文學出版社，1957年。下同。

7　見《敦煌變文集校記再補》，載《華東師大學報》1958年第2期。

8　上海古籍出版社，1982年。下同。

　　三、310 首《十種緣・父母恩重讚》：「第三母子足安然，莫忘孝順養殘年。親情遠近皆歡喜，冤家懷抱競來看。」

　　任校：二本「冤」寫「魂」，350 首有「冤家子」，俗文內常見「冤家」；《父母恩重經講經文》：「若是冤家託命來，阿娘生命逡巡失。」

　　按：上辭見於甲（斯 2204）、乙（斯 126）兩個敦煌寫卷，其中的「冤家」二寫卷皆作「魂家」。「冤」「魂」形音俱殊，任校改「魂」為「冤」，缺乏校勘上的根據。今謂「魂」當讀為「渾」。「魂」「渾」《廣韻》並音戶昆切，同音通用。伯 3048《醜女緣起》：「醜女忽見大聖世尊，……魂搉自撲，起來禮拜，哽咽悲涕。」「魂」亦為「渾」的借字（斯 2114 卷《醜女緣起》正作「渾搉自撲」），可以為證。「渾家」猶言全家，為唐宋間習見的俗語詞。《總編》1324 首：「悲孕婦，日將至，停燭焚香告天地。性命惟憂頃刻間，渾家大小專看侍。」斯 778《王梵志詩・撩亂失精神》：「設卻百日齋，渾家忘卻你。」伯 2914《王梵志詩・官職莫貪財》：「官職莫貪財，貪財向死親。有即渾家用，遭羅唯一身。」伯 3418《王梵志詩・父母生兒身》：「兒大作兵夫，西征吐番賊。行後渾家死，回來覓不得。」皆其例。上辭是寫母親平安分娩後的情意。「親情遠近皆歡喜，渾家懷抱竟來看」，「親情」「渾家」儷偶，前者指親戚朋友，後者則指家人；前句謂親朋歡喜，後句寫家人高興，故競相探看，懷抱新生嬰兒也。

　　四、431 首《求因果・息爭》：「偏見豪強爭意氣，全是凡夫智。」又 435 首：「豪強之人風火性，愛共人爭競。」

　　任校 435 首「豪」字云：「豪」原寫「素」，從呂校。

　　按：二「豪」字原卷（斯 5588）皆作「素」形，乃為「索」的俗

字。唐顏元孫《干祿字書》[9]「索索：上俗下正。」敦煌寫本中「索」字多從俗作「索」，如斯4129《齖齣書》：「以後與兒索婦，大須穩審趁逐，莫取媒人之配。」「索」即「索」字。例多不贅舉。「索強」意為爭強、逞強，乃敦煌俗文學作品中習見的俗語詞。《敦煌變文集》卷一《李陵變文》：「前頭有將名蘇武，早向胡庭自索強。」郭在貽師校：「索是索的俗別字，索強是唐人習用語。」[10]郭說是也。伯2718《王梵志詩．罵妻早是惡》：「罵妻早是惡，打婦更無知；索強欺得客，可是丈夫兒！」亦有「索強」一詞。《總編》434首：「出語爭強說是非，人我競相欺。」「索強」猶「爭強」也。此外敦煌變文中又有「覓強」「覓勝」「打強」之語，義皆近之，可資參證。任校不考俗字俗語，乃從呂秋逸《敦煌佛教歌辭校本》改「索強」為「豪強」，斯為謬矣。

五、448首《失調名．送師讚》：「低頭整師履，躊躇內心悲。與師永長別，再遇是何時。律論今無主，有疑當問誰？」

任校：甲乙本「躊躇」寫「操醋」。

按：上辭見於甲（伯4597）、乙（伯3120）、丙（斯1947）三卷。「躊躇」甲、乙卷作「橾醋」；丙卷作「□惜」，前一字左半作豎心旁，右半模糊難辨（任校稱是「懷」字，似未確）。任錄作「躊躇」，與寫卷無一相合，其為臆改無疑。竊謂原文當作「慘醋」[11]。俗書「喿」「叅」（參）不分，故「橾」俗或書作「慘」。《集韻．感韻》「橾，七感切，《說文》：愁不申也，通作慘。」宋王觀國《學林》[12]卷十云：「草書法，喿字與參字同形，故晉人書操字皆作摻，今法帖碑本中王操之書皆作摻

9　《叢書集成初編》本。

10　見《敦煌變文校勘拾遺續補》，載《杭州大學學報》1983年第3期。

11　校按：斯1947號IDP彩色照片前一字作「憹」，正是「慘」的俗字。

12　中華書局，1988年。

之。殊不知摻字乃音所咸切，又音所減切。《詩》曰『摻摻女手』，是
也。後漢禰衡為漁陽參撾。參音七紺切，參撾者，擊鼓也。文士用參
撾字，或用為摻，或用為傪，皆讀音七紺切，蓋假借也。徐鍇博學多
識，時有修字官，凡字有從參者，悉改從枲，鍇曰：『非可以一例，如
《漁陽參》「黃塵蕭蕭白日暗」，則從參者，固不可改枲也。』眾皆服其
説。」文中提到的修字官把從「參」之字一律改作從「枲」，是犯了據
此例彼、一律化的錯誤。上辭「慘」之誤「槮」，殆亦其比類（慘→懆
→槮）。「慘醋」，羞愧義，「醋」乃「怍」的同音借字；兩卷作「□
惜」，「惜」又為「醋」的換旁誤字（比較「酸」俗或作「悛」，見《敦
煌變文集》471 頁）。《敦煌變文集》卷四《降魔變文》：「六師聞請佛
來住，心生忿怒，頰脹腮高，雙眉斗豎，切齒衝牙，非常慘醋。」又
云：「兩度佛家皆得勝，外道意極計無方。六師既兩度不如，神情漸加
羞惡。」「外道」句丁卷作「外道慘酢口焦黃」。蔣禮鴻先生云「傪酢」
就是「慘醋」，亦即「慘怍」[13]，是其證。

　　六、449 首《失調名·送師讚》：「雙燈臺上照，師去照阿誰？願
師早成佛弟子逐師來。千千萬萬□，□□□□□。」

　　按：上辭見於甲（伯 4597）、乙（伯 3120）、丙（斯 1947）三卷。
甲、乙本俱止於「弟子逐師來」一句；丙本「弟子逐師來」句後作「千
乀萬乀」，無空格。今謂「千乀萬乀」當錄作「千萬千萬」。敦煌、吐
魯番寫本中凡 ABAB 型的疊詞往往簡作「A＝B＝」（「＝」代表重文符號）
型 [14]，如斯 328《伍子胥變文》：「痛＝兮＝難可忍，苦＝兮＝冤復冤。」
即「痛兮痛兮難可忍，苦兮苦兮冤復冤」之省。《吐魯番出土文書》第

13　見《敦煌變文字義通釋》「慘醋　傪酢」條，上海：上海古籍出版社，1988 年。下同。
14　説詳拙作《敦煌變文校讀釋例》，載《敦煌學輯刊》1987 年第 2 期。

四冊 [15]《唐□文悦與阿婆、阿裴書稿》：「□文悦千＝萬＝再拜阿婆、阿
裴已下合家大小□平安好在不？」「千＝萬＝」亦當錄作「千萬千萬」。
「千萬」為告別、問候類詩文中的習語，表示一種誠摯、懇切的語氣。
《吐魯番出土文書》第六冊 [16]《唐氾正家書》：「兄氾正千萬問訊宋果毅
並兒女等盡得平安以不？」又《唐李賀子上阿郎、阿婆書》「賀子，舉
兒並得平安，千萬再拜阿郎、阿婆。」「千萬」義並同。「千萬千萬」
是「千萬」的強調説法，語氣上更進了一層。任錄「千ㄥ萬ㄥ」為「千
千萬萬」，又擬補六空格，以湊成所謂五言六句的格式，是我們所不敢
苟同的。

七、507首《行路難‧共住修道》：「忽若得道果，歷劫相勞碌。」

任校：乙本「勞碌」寫「篸簏」。

按：乙本伯3409卷為上辭唯一的底卷。任校改末二字為「勞碌」，
而未説明理由。竊謂末二字當校作「撈攞」。敦煌寫本中「鹿」字多寫
作「麁」（例多不贅舉），略帶草書則下部似四點。同卷上文：「大悲澤
裡網得鹿，鐵圍山中捕得羊。」（《總編》505首）「鹿」字下半原卷即
作四點。故「簏」應為「籬」字俗誤，文中借作「攞」；「篸」則是「撈」
涉「籬」字而來的偏旁類化字。「撈攞」為救拔之義 [17]。《敦煌變文論
文錄》所附《維摩碎金》：「汝還知庵園有佛，撈攞眾生？」斯4571《維
摩詰經講經文》：「菩薩心意亦復如然，愍含識而意似親生，憐凡夫而
愛如赤子。不欲見四坐流浪，長行撈攞之心；嘆常於三界輪迴，但作
救拔之願。」「撈攞」俱為救拔之義（後例「撈攞」「救拔」儷偶），而

15　文物出版社，1983年。

16　文物出版社，1985年。

17　參看袁賓《變文詞語考釋》，載《敦煌語言文學論文集》，杭州：浙江古籍出版社，
　　1988年。

斷不可改作「勞碌」（前例「撈攏」為動詞謂語，主語為佛，「眾生」是它的賓語，足為校字之證）。

八、536 首《失調名・迷生死》：「居世人，迷生死，生死猶為巡鐶蟻。來來去去不停閒，去去來來常如此。」

任校：原本「巡鐶蟻」寫「巡蟻鐶」；佛門用天竺風俗及菩薩形相，在指曰鐶，在臂曰釧，佛經內有《佛說蟻喻經》，未知喻及「巡鐶」否，待查。

按：任校乙改原卷「巡蟻鐶」為「巡鐶蟻」，確為卓見。但把「鐶」與指鐶牽合在一起，則是大誤。實則「巡鐶」當讀作「循環」（「鐶」為「環」的後起分化字）。螞蟻築窩銜食，往往成群結隊反覆迴旋於固定的路線上，故文中用以比喻世人的生死輪迴。《敦煌變文集》卷六《頻婆娑羅王后宮綵女功德意供養塔生天因緣變》：「君不見生來死去，似蟻循還；為衣為食，為蠶作繭。」其中的「循還」，徐震堮校作「循環」，正與此處意同。《總編》600 首：「傷嗟生死輪迴路，不覺悟。巡環來往幾時休，受飄流。」「巡環」亦當讀作「循環」。

九、602 首《十無常》：「少年英雄爭人我……酒席誇打巢雲令，行弄影。」

任校：「巢雲」待校。

按：「巢雲」當作「捎雲」，「巢」蓋「捎」的音近誤字。捎雲，即李捎雲，唐代酒令的創製者之一。《太平廣記》[18] 卷二七九引《廣異記》云：「隴西李捎雲，范陽盧若虛女婿也。性誕率輕肆，好縱酒聚飲。」唐李肇《國史補》[19] 卷下：「古之飲酒，有杯盤狼籍、揚觶絕纓

18　中華書局，1961 年。

19　《四庫全書》本。

之説，甚則甚矣，然未有言其法者。國朝麟德中，璧州刺史鄧宏慶始刱『平索看精』四字令，至李梢雲而大備，自上及下，以為宜然。大抵有律令，有頭盤，有拋打，蓋工於舉場而盛於使幕。衣冠有男女雜履烏者，有長幼同燈燭者；外府則立將校而坐婦人，其弊如此。」「李捎雲」即「李梢雲」，俗書「才」旁「木」旁不分也。元稹《寄吳士矩端五十韻》詩：「予時最年少，專務酒中職。……曲庇桃根盞，橫講捎雲式。」[20]「捎雲」亦指李捎雲而言。《敦煌變文集》卷五《佛説觀彌勒菩薩上生兜率天經講經文》：「詩賦卻嫌劉禹錫，令章爭笑李稍雲。」周一良先生云：「這個與劉禹錫並列的李稍雲究竟是誰呢？如果是名而非字或號，在《唐五代人物傳記資料綜合索引》裡找不到他。」[21]有人懷疑「李稍雲」即以文章著稱的李翱（772-841）[22]。其實「李稍雲」應即「李捎雲」（捎→梢→稍），其人以長於酒令（即「令章」）聞於時，而非以文稱也。斯2049劉長卿《酒賦》：「湖（壺）觴百杯徒浪飲，張呈（章程）未許李稍雲。」「章程」指酒令，「李稍雲」亦即李捎雲也。

　　十、1112首《五更轉·警世》：「**頭昏腦轉手專□，口中牙齒並落盡。**」

　　任校：原本「專」下寫「遇」待校。

　　按：《敦煌變文集》卷二《廬山遠公話》云：「道安心疑（擬）答，口不能答口；擬答，心不能答，手腳專顳，唯稱大罪。」「專遇」與「專顳」顯然是一個詞兒。《敦煌變文字義通釋》收「專顳」條，釋為「縮

20　見《全唐詩》卷四〇一，第4485頁。

21　見「賜無畏」及其他》，載《1983年全國敦煌學術討論會文集·文史遺書編下》，蘭州：甘肅人民出版社，1987年。

22　參看曲金良《敦煌寫本變文、講經文作品創作時間匯考》，載《敦煌學輯刊》1987年第2期。

手縮腳」，近是。

（原載《敦煌學》第 18 輯，臺北：學生書局，1992 年）

伍

敦煌地理文書輯錄著作三種校議

　　敦煌地理文書是敦煌遺書中最重要的一部分，是研究唐代地理歷史以及社會經濟的珍貴資料，所以從它們被發現的那一天起，就引起了中外學者的濃厚興趣。最近幾年出現了三部輯錄敦煌地理文書的集大成之作，根據出版時間的先後，它們依次是：唐耕耦、陸宏碁先生編《敦煌社會經濟文獻真跡釋錄》第一輯第一部分，書目文獻出版社一九八八年版（以下簡稱《釋錄》）；鄭炳林先生編著《敦煌地理文書彙輯校注》，甘肅教育出版社一九八九年版（以下簡稱《校注》）；王仲犖先生著《敦煌石室地誌殘卷考釋》上海古籍出版社一九九三年版（以下簡稱《考釋》）。總的來看，《釋錄》成書在先，錄文比較忠實於原卷，但失校的地方不少；《校注》彙輯資料最為豐富，但錄文疏誤稍多；《考釋》出書雖晚，但卻是作者生前花了十多年時間寫成的精心結撰之作，體現了作者長於考證的治學特點，不過文字校訂方面也有一些失誤。在這篇小文中，我們不可能就上揭三書的得失成就作全面的

評價，而只擬就它們在錄文校勘方面存在的問題提一些不成熟的意見。

　　一、《考釋》據伯 2511 號校錄《諸道山河地名要略》北都「介之推祠」下引《後漢書》云：「周舉為并州刺史，舊以子推焚死忽其日，咸言神靈不〔樂〕舉火，（一田）〔由〕是（也）士人至冬中輒〔一〕月寒食，〔不復〕煙爨，老少不堪，多死者。」校釋中稱「樂」「由是」「不復」據《後漢書・周舉傳》或《太平寰宇記》校補（94-95 頁）。《釋錄》「舊」字以下校讀作：「舊以子推焚死，忽其日咸言神靈，不舉火由是也。士人至冬中輒月空　食煙爨……」（70 頁）《校注》則校讀作：「舊以子推焚死，忽其日，咸言神靈不〔樂〕舉火，由是也。土（士）人至冬中輒月寒食，〔莫敢〕煙爨。」（174 頁）

　　按：「忽其日」三字有誤，俟再校。王校補「樂」字、「一」字，刪「也」字，可從。「煙爨」前王校補「不復」，鄭校補「莫敢」，各有所本，可兩存之。「一田」二字原卷實本作一「由」字，王錄誤。「士人」之「士」原卷作「圡」，實為「土」的增點俗字。敦煌卷子中「土」字多加一點，以與「士」字相區別。同卷下文「衛青休士馬於雲中雁門」，「士」字原卷右側不加點，可反證加點的應是「土」字。「土人」指當地居民，義自可通，不應輕改。斯 367 號《沙州伊州地志》殘卷：「唐初有土人鄐伏陀，屬東突厥。」伯 3532 號慧超《往五天竺國傳》：「此國土人是胡，王及兵馬突厥。」其中的「土」字原卷右側皆加一點；「土人」義與上同，可證。又「寒食」之「寒」原卷作「圣」，即「寒」的草書楷化字。伯 2845 號《胡笳十八拍》之十七：「行盡胡天千萬里，唯見寒沙白雲起。」其中的「寒」字原卷亦作上形，是其比。《釋錄》錄作「空」，非是。

　　二、《考釋》據伯 2511 號錄《諸道山河地名要略》代州「人俗」下云：「然自代北至雲、朔等州，北臨絕塞之地，封略之內，雜虜所

居，戎狄之心，鳥獸不若，歉饉則剽劫，豐飽則柔從，樂報怨仇，號為難掣。」（99頁）「樂」字《校注》同（176頁），《釋錄》則作「互」（72頁）。

　　按：唐書錄字是。「樂」字原卷本作「乑」，為「平」的手寫體，而後者則為「互」的俗字。斯388號《字樣》殘卷：「互，正；乑，相承用。」敦煌卷子中「互」字多從俗寫作「乑」。王校、鄭校以原字為簡體「樂」字，前書又復回改作繁體字，大謬。又《考釋》據2522號錄《貞元十道錄》「霸州靜戎郡」下轄「安信」、「乑信」、「保寧」等縣，王氏校釋謂「乑信」即「互信」（80頁），是也。唐錄、鄭錄則皆誤作「牙信」（分別見68頁、144頁），適可與上例互勘。

　　三、《考釋》據伯2511號《諸道山河地名要略》代州「山名」下云：「連枷棒、西陸山、馬頭、鳥堆：已上五塞上山名，在唐林縣界。」（99頁）「鳥堆」《釋錄》、《校注》皆錄作「烏堆」（分別見72頁、176頁）。

　　按：「鳥堆」是。「鳥」字原卷本作「鳥」，即「鳥」的俗字。伯2305號《妙法蓮華經講經文》：「生前不曾修福，死墮阿毗地獄，……或鐵鳥啄髓，或銅蛇咬肉。」其中的「鳥」字原卷亦作上形（唯底部的一橫仍寫作四點），可以比勘。又「五塞」之「五」，《釋錄》作「亦」，《校注》作「並」。據原卷字形並推以文意，「亦」字較為近真。

　　四、《考釋》據伯2005號錄《沙州都督府圖經》：「一所興胡泊……在州西北一百一十里，其水鹹苦，唯泉堪食。商胡從玉門關道往還居止，因以為號。」（122頁）「興胡」《釋錄》作「興湖」（8頁）。

　　按：原卷作「興胡」。「興胡」是。「興胡」意指經商的胡人，義與「商胡」同。《吐魯番出土文書》第九冊《唐開元十九年（731）唐榮置婢市券》：「開元拾玖年貳月　日，得興胡米祿山辤：今將婢失滿

兒，年拾壹，於西州市出賣與京兆府金城縣人唐榮。」[1] 同書又載《唐開元二十一年（733）石染典買馬契》，契約的「保人」為「興胡羅世那年卅」、「興胡安達漢年四十五」等。[2]「興胡」均指來中國經商的胡人而言。又《吐魯番出土文書》第七冊《唐咸亨四年（673）西州前庭府杜隊正買駝契》：「咸亨四年十二月十二日，西州前庭府隊正杜……用練拾肆匹，於康國興生胡康烏破延邊買取黃敦駝壹頭。」[3]「興生」意指經商牟利，[4]「興胡」殆即「興生胡」的略稱。[5]「興胡泊」因興胡「往還居止」而得名，「胡」自不得改而為「湖」。「興胡泊」之稱又見於伯 2691 號《沙州城土境》和斯 788 號《沙州圖經》，字亦皆作「胡」而不作「湖」也。

五、《考釋》「沙州地志殘片三種考釋」錄伯 2691 號《沙州志》殘片：「今時窟，歲戊巳置造，新從永和（八）〔九〕年癸丑歲，掘土造窟，至今大漢乾祐二年巳酉歲，算得伍佰玖拾陸年。」（150 頁）《校注》「新」字屬上讀，前九字錄作「今時窟□並巳置□新」（39 頁）。《釋錄》前九字錄作「令時窟□□巳□□新」（43 頁）。

按：首字原卷作「令」，但敦煌卷子「今」「令」往往不分，此或可據文意校定作「今」。「新」字前四字，細審原卷，似本作「冡並巳蟲」四字。故首句當作「今時窟冡並巳蟲新」。又「掘」字原卷不甚明

1　文物出版社，1990 年，第 26-27 頁。

2　同上，第 48 頁。

3　文物出版社 1986 年第 389 頁。

4　參看《敦煌變文字義通釋》「興生」條，上海：上海古籍出版社，1988 年，第 247-249 頁。

5　因為一種機緣，筆者曾就「興胡」一詞的確切含義向姜伯勤先生請教。姜先生認為「興胡」即「興生胡」的略稱。謹此向姜先生表示衷心的謝意。另據榮新江教授見告，日本學者曾專門考證過此詞，惜未之見。

晰，《校注》錄作「鑿」，未知孰是，俟再校。

六、《考釋》據伯 3721 號及斯 5693 號錄《瓜沙兩郡大事記》：「洞竿偶有小疾，在於假中，未遂祗候於衙庭，閒悶尤多於鋪席。」（167 頁）「祗候」《釋錄》作「祗侯」（79-80 頁），《校注》作「枉候」（80、82 頁）。

按：「祗」字二卷皆作「袛」字，實為「祗」的俗字。敦煌卷子中「祗」字多寫作此形（例見下文）。又「候」字伯卷作「𠉡」，斯卷作「𤕟」，皆即「候」字俗書。「祗候」猶言恭候，乃敦煌卷子中習語。如伯 4092 號《新集雜別紙》：「限已職守，不獲隨例祗候台階。」又云：「某以行履，未能趨赴，不獲郭外祗候攀迎。」「祗」字原卷皆作「袛」，「祗候」義與上同，是其比。又「竿」字《釋錄》《校注》皆作「芉」，與原卷合，當據正。

七、《考釋》據伯 2009 號錄《西州圖經》：「丁谷窟有寺一所，並有禪院一所：……上則危峰迢遞，下〔則〕輕溜潺湲。宴仙居之勝地，諒棲（靈）〔霞〕之秘域。」（213頁）

按：「靈」古可指「神靈」（《玉篇・巫部》），與上句「仙」字同義。王校改「靈」作「霞」，似不必。

八、《考釋》據伯 3532 號錄慧超《往五天竺國傳》：「道路雖即足賊，取物即放，亦不殤殺，如若□物，即有損也。」（227頁）缺字《校注》作「慎」（202頁）。

按：上文《釋錄》未收。缺字原卷右旁略感模糊，細辨可知本作「忺」字，此字當是「悋（吝）」字俗省。斯 2614 號《大目乾連冥間救母變文》：「及其羅卜去後，母生慳吝之心，所囑附資財，並私隱匿。」斯 2717 號王無競《君子有所思行》詩：「自矜青春日，玉顏吝容光。」斯 2199 號《尼靈惠遺書》：「靈惠只有家生婢子一名——威娘，留與侄

女潘娘，更無房資。靈惠遷變之日，一仰侄女潘娘葬送營辦。已後更不許諸親吝護。」其中的「吝」字原卷皆作上形，是其證。又「殤」字當校讀作「傷」。

九、同上條下文：「其王首領等，（其）〔甚〕敬信三寶，若對師僧前，王及首領等，在地而坐，不肯坐床。王及首領，行坐來去處，自將床子隨身，到處即坐，他床不坐。」（228頁）〈校注〉後二「床」字錄作「牀」，校云：「牀子，羅文、[6]《大藏經》並錄作『床子』，誤。本卷前有『在地而坐，不肯坐床』，可證牀非床之異體字。牀子，即坐具、坐墊之類。」（202、215頁）

按：「牀」字字書不載，鄭氏臆說無據。細察原卷，可知後二「床」字皆作繁體「牀」而稍變。「床」古亦用以指稱坐具。上文說王及首領「在地而坐，不肯坐床」，前提是「對師僧前」，而不是其他場合都是如此，鄭說非是。

十、同上條下文：「五天法，出外去者，不將糧食，到處即便乞得食也。唯王首領等出，自賫糧，不食百姓祇捉。」（237頁）〈校注〉末二字作「袒粒」（204頁）。

按：「祇捉」「袒粒」皆費解。查原卷，前字本作「袛」，即「祇」的俗字，說已見前。後一字左側作提手旁，右旁似作「從」字俗書。以文義而言此字疑當作「擬」。「祇擬」指準備，文中指準備的食品，義安。斯6836號《葉淨能詩》：「觀家敕選一院，每日令人祇擬。」亦有「祇擬」一詞，可參。

十一、同上條下文：「屋並板木覆上，不用草瓦。」（245頁）〈校

注》同（205頁）。

按：「上」字原卷實作「灬」（原卷四點連寫似一橫畫），乃「亦」的常見俗字，當據正。「亦」字當屬下讀。

十二、同上條下文：「造寺亦然，須造即造，亦不問王，王亦不敢遮，怕拈罪也。」王氏校釋引羅振玉校云：「王亦不敢遮，怕拈罪也：有訛誤。」（246頁）《校注》無說（205頁）。

按：「拈」當作「招」。「招」字俗寫作「拈」。伯3697號《捉季布傳文》：「遙見漢王招手罵，發言可以動乾坤。」「招」字原卷即作此形。「拈」即「拈」的形誤字。伯3375號《歡喜國王緣》：「道是因憑八戒力，感枯得身敬上天宮。」其中的「枯」亦為「招」字俗誤，可以比勘。招，即感招，指果報感應，為敦煌卷子中習語。如伯3375號《歡喜國王緣》上文：「因緣已感生天上，果報還招福自隨。」又伯2931號《佛說阿彌陀經講經文》：「『阿羅漢』者，釋有三義：……第二不生，更不招感後有身故。」伯2133號《金剛般若波羅蜜經講經文》：「善業感招生勝處，業緣重即卻沉淪。」前例「招」「感」對文同義，後二例「招感」「感招」同義並用，是其證（上揭各例「招」字原卷亦皆寫作「拈」形）。

十三、同條下文：「其山憔杌，元無樹木及於諸草。」王校引日本高楠順次郎《考訂》云：「憔杌即燋杭字。」（251-253頁）《校注》「憔杌」作「憔恆」（206頁）。

按：「杌」字原卷作「杌」，即「杌」字俗寫。伯3211號《王梵志詩集》：「杌杌貪生業，憨人合腦癡。」「杌」字原卷亦作此形。鄭錄右旁作「瓦」，於義無取。「杌」同「兀」。王校引高楠氏校作「杭」，不知何意，疑為「兀」字誤植。

十四、同上條下文：「此王及首領，雖是突厥，極敬三寶，……每

年一回，設金銀無數，多於彼王。」（268 頁）《校注》斷句同（208 頁）。

按：「每年一回」以下云云費解。羅振玉《慧超往五天竺國傳殘卷》校錄札記云：「每年一回設：設下有奪字。」羅氏以「設」字屬上讀是正確的。「設」本宴設、設宴之義。如失譯《餓鬼報應經》：「汝為人時，曾作道人，為佛圖主，吝護僧物，不以好食供養眾僧，常以粗惡與之。或時欲作好食，客比丘來，便止不作，待去乃設。」[7] 是其例。上揭寫卷的「設」則指排辦齋席而言。斯 4571 號《維摩詰經講經文》：「頻燒方紙，向□中□□□□；數焚名香，於寺院內許僧齋設。」上揭《往五天竺國傳》上文：「此王每年兩回設無遮大齋，但是緣身所受用之物，妻及象、馬等，並皆捨施。」「一回設」之「設」即「齋設」「設無遮大齋」之「設」，句意謂每年舉辦一次無遮大齋；「金銀無數」乃齋設時捨施之物。羅氏不明「設」字的上述特殊用法，而謂其下有奪字，非是。鄭、王二家以「設」字屬下讀，亦不妥。

十五、同上條下文：「國王首領及百姓等，甚敬三寶，足寺足僧，行小乘法，食（內）〔肉〕及慈悲等，不事外道。」王校引日本藤田豐八箋釋云：「慈悲殆蔥韮之譌。」（274-275 頁）《校注》錄作「蔥蕜」，校記謂後字為「韮」字之誤（208、221 頁）。

按：鄭錄並校皆是。「慈」字原卷本作「慈」，即「蔥」的常見俗字（本卷下文多見「蔥嶺」一詞，「蔥」字原卷即皆作此形）。「悲」字原卷作「蕜」，即「韮」的類化俗字（涉前字類化變一橫為心字底）。藤田氏等錄作「慈悲」實誤。

十六、同上條下文：「土地人性受與易，常於西海泛舶入南海，向師子國取諸寶物。」王校引羅振玉校錄札記云：「受與易」有奪誤。又

7　《大正藏》卷一七，第 561 頁。

引藤田氏箋釋云：「受」殆「愛」之譌，「與」殆「交」之譌（276-277頁）。《校注》校說略同（208、221頁）。

　　按：各家校「受」為「愛」字是。「愛」「受」形近，敦煌卷子中習見互訛之例。至於「與」字，則與「交」字形音皆大殊，恐無緣致訛。竊謂「與」當作「興」字（說詳下文十九條）。「興易」指經商牟利，乃敦煌卷子習見的俗語詞。如《敦煌變文集》卷八《搜神記》侯光侯周兄弟條：「相隨多將財物，遠方興易。」[8]是其例。說詳蔣禮鴻師《敦煌變文字義通釋》「興易」條。[9]校「與易」為「興易」，則形義皆安，可成定論。

　　十七、同上條下文：「入山至大寔國，彼王〔不〕住（不）本國，見向小拂臨國住也。為打得彼國，彼國復居山島，處所極罕，為此就彼。」（278頁）「罕」字《校注》同（209頁）。

　　按：既云彼國「處所極罕」，又要就彼居住，委實令人百思不得其解。查原卷，「罕」字本作「牢」，實為「牢」的俗字。《干祿字書》：「牢牢：上俗下正。」本卷上文：「五天國法，無有枷棒牢獄。」北圖雲字24號《八相變》：「兩手乃牢扶柱杖。」其中的「牢」皆即「牢」的俗字。故前揭寫卷「處所極牢」即「處所極牢」。蓋為小佛臨國依山傍海，形勢險要，易於防守，故而云然也。

　　十八、同上條下文：「又從大寔國已東，並是胡國，即是安國、曹國、史國、石騾國、米國、康國等。此（寸）〔中〕胡國，並剪須髮，……其吐火羅國，乃至罽賓國、犯引國、謝颶國（寸）〔中〕，兄弟十人五人三人兩人，共娶一妻。」（280-288頁）「寸」字《校注》皆

8　該書第871頁，北京：人民文學出版社，1957年。

9　參看《敦煌變文字義通釋》「興生」條，上海：上海古籍出版社，1988年版，第247-249頁。

作「等」（209頁）。

　　按：王校改「寸」為「中」，卻未說明理由。其實上揭「寸」並非「中」的訛字，而是「等」的簡俗字。《五音集韻·等韻》：卄，同「等」，俗用。《改併五音類聚四聲篇海·寸部》：「寸，音等，俗用字。」上揭寫卷的「寸」蓋又為它們的變體。該卷「等」字多作「寸」形。如上引「康國等」之「等」。又上文：「衣著皮裘氊布等」，又「食肉及蔥韭等」，其中的「等」字原卷亦皆作「寸」形（有時「寸」右上部又加一點），王校逕錄作「等」字是也。同篇下文：「王及首領百姓（中）〔大〕敬信三寶。」（291頁）「中」字原卷作「寸」（右上角有一點），亦即「等」字。同一俗體，王校或錄作「等」，或錄作「寸」，或錄作「中」，不免自相矛盾了。

　　十九、同上條下文：「彼王常遣三二百人於大播蜜川，劫彼（與）〔商〕胡及於使命，縱劫得絹，積在庫中，聽從壞爛，亦不解作衣著也。」王校引藤田氏箋釋云：劫彼與胡，「與」殆「商」之譌（297頁）。《校注》亦校「與胡」為「商胡」（210頁）。

　　按：「與」「商」形音皆殊，實無緣致誤。這個「與」亦當作「興」。查原卷，這個「與」字及上文第十六條「與易」之「與」皆與下文「龍興寺」之「興」字同形，實即「興」字。「興胡」指經商的胡人（說已詳上文），文義正合。又《考釋》本條上文：「此突厥王像有五頭，羊馬無數，駝騾驢等甚多，漢地與胡□□□□□回不過，向南為道路險惡，多足劫賊。」（257頁）其中的「與胡」《校注》同（206頁）。查原卷，似亦本作「興胡」，宜當錄正。

　　二十、《校注》據斯529號錄《諸山聖蹟志》詠廬山詩：「詩曰：□□□敬匡遠公，承興□□臨任情；便遇著花陰閒芝，歇〔□〕從逢幽虛〔境〕。即題：篤心清喜，□遊三寺，氣□□死，欲上九天，風度

碧間，虎吼〔深溪〕，兩飛深淵，〔□□〕□蟻，□郎舍中看焚典，遠
公堂內列諸賢；閂首柳臺，□場萬□，□藏鐘□，□□妙聲如走颯，
雲生石堂似飛綿。大中天子誦。」（頁273）

　　按：本篇僅見於《校注》載錄。大概是由於原卷「書寫潦草，釋
讀困難」（《校注》本篇題解語），故《校注》錄文錯誤頗多。如上文，
自「詩曰」以下原本為七言詩一首，但《校注》的錄文斷句全亂了套，
今試為重新校理如下：

　　虛空雲散匡廬出，承興登臨任性便。遇著花蔭開共歌，但逢幽處
即題篇。心清喜得遊三寺，氣定觀影上九天。風度碧□聞虎嘆（嘯），
兩飛深洞聆蚊□。〔□〕（毗）耶舍中看梵夾，遠公堂內列諸賢。門首
柳葉金線細，〔□□〕石苔織錦錢。風撓竹聲如走珮，雲生石堂似飛
綿。

此詩末題「大中天子誦」，不知其作者即是大中天子（唐宣宗）否？查
《全唐詩》及今人編的《全唐詩補編》中均未見收錄，亟應據以增補。

　　〔補記〕本文寫定於一九九五年三、四月間，稿成後，曾請榮新江
教授指正，並承榮君惠借日本桑山正進編的《慧超往五天竺國傳研究》
一書（京都大學人文科學研究所1992年3月31日發行，以下簡稱《研
究》），書中載有慧超《往五天竺國傳》的錄文。該錄文是筆者所見到
的慧超書的最好的錄文。稍晚，又讀到張毅先生的《往五天竺國傳箋
釋》（中華書局1994年11月版，以下簡稱《箋釋》）該書對慧超書提
到的地理歷史情況進行了較為詳細的注釋，但錄文疏誤較多。下面把
上述二書與本篇有關條目的錄文補記於此供讀者參考：第八條「如若

□物」，缺字《研究》、《箋釋》皆作「悇」，是。第九條「自將床子隨身」、「他床不坐」，「床」字《研究》、《箋釋》皆同，是。第十條「祇捉」，《研究》作「祇糙」，《箋釋》作「祇糭」，皆未確。第十一條「屋並板木覆上」，「上」字《箋釋》同，誤；《研究》作「亦」，屬下讀，是。第十二條「怕拈罪也」，「拈」字《箋釋》同，誤；《研究》作「招」，是。第十三條「其山憔杌」，「憔杌」《研究》同，「憔」字失校；《箋釋》作「憔柩」，誤。第十四條「每年一回，設金銀無數」，《箋釋》「回」後施句號，《研究》「回」後不用標點符號，皆欠妥。第十五條「食肉及慈悲等」，「慈悲」《箋釋》作「蔥韮」，是；《研究》後字下部作「悲」，失校。第十六條「土地人性受與易」，《箋釋》《研究》皆於「性」下讀斷，欠妥；「受與易」，《箋釋》校作「愛交易」，「交」字非是；《研究》作「愛興易」，是。第十七條「處所極罕」，「罕」字《研究》作「窂」，失校；《箋釋》作「窂」，在《前言》中指出為「牢」俗字，是。第十八條二「寸」字《研究》《箋釋》皆錄作「等」，是。第十九條「劫彼與胡」，「與胡」二字《箋釋》同，誤；《研究》作「興胡」，是。

（原載《古典文獻與文化論叢》，北京：中華書局，1997 年）

地域文化研究叢書 · 敦煌文化研究叢刊　　A0204012

敦煌文獻整理導論　下冊

作　　者　張涌泉

版權策畫　李煥芹

責任編輯　曾湘綾

發 行 人　陳滿銘

總 經 理　梁錦興

總 編 輯　陳滿銘

副總編輯　張晏瑞

編 輯 所　萬卷樓圖書股份有限公司

排　　版　菩薩蠻數位文化有限公司

印　　刷　維中科技有限公司

封面設計　菩薩蠻數位文化有限公司

出　　版　昌明文化有限公司

桃園市龜山區中原街 32 號

電話 (02)23216565

發　　行　萬卷樓圖書股份有限公司

臺北市羅斯福路二段 41 號 6 樓之 3

電話 (02)23216565

傳真 (02)23218698

電郵 SERVICE@WANJUAN.COM.TW

大陸經銷

廈門外圖臺灣書店有限公司

　　電郵 JKB188@188.COM

ISBN 978-986-496-459-8

2019 年 3 月初版

定價：新臺幣 360 元

如何購買本書：

1. 轉帳購書，請透過以下帳戶

　　合作金庫銀行　古亭分行

　　戶名：萬卷樓圖書股份有限公司

　　帳號：0877717092596

2. 網路購書，請透過萬卷樓網站

　　網址 WWW.WANJUAN.COM.TW

大量購書，請直接聯繫我們，將有專人為您

服務。客服：(02)23216565 分機 610

如有缺頁、破損或裝訂錯誤，請寄回更換

國家圖書館出版品預行編目資料

敦煌文獻整理導論　下冊 / 張涌泉著.-- 初
版.-- 桃園市 ： 昌明文化出版 ；臺北市 ： 萬
卷樓發行, 2019.03

　　冊 ；　公分

ISBN 978-986-496-459-8(下冊 ： 平裝)

1.敦煌學　2.文獻學

797.9　　　　　　　　　　　108003197

本著作物經廈門墨客知識產權代理有限公司代理，由浙江大學出版社授權萬卷樓圖書股
份有限公司出版、發行中文繁體字版版權。

本書為金門大學產學合作成果。　　　　　　　　校對：武玉珊　華語文學系四年級